# 幸せになるには親を捨てるしかなかった

シェリー・キャンベル◉著
髙瀬みどり◉訳

「毒になる家族」から距離を置き、罪悪感を振り払う方法

Adult Survivors of TOXIC Family Members

tools to maintain boundaries, deal with criticism, and heal from shame after ties have been cut

ダイヤモンド社

愛する娘、ロンドンへ。
あなたは私の生きる理由であり、
大切な存在です。

ADULT SURVIVORS OF TOXIC FAMILY MEMBERS
by
Sherrie Campbell, PhD

# 序文

想像がつくことではありますが、精神療法において最も厄介な問題の1つに、毒になるパートナーや親、その他の家族から虐《しいた》げられ、辛い経験をした人たちの治療があります。精神的な苦悩は非常に過酷で感情の制御が難しく、絶望感や鬱《うつ》、絶え間ない悩みや不安を抱えてしまいます。そのような環境を生き抜くために、自己懐疑や自己犠牲などの不適応行動が染みついてしまう人もいます。例えば、自分の必要とするものをあきらめたり、楽しい気持ちに蓋をしたり、強力な味方になってくれるはずの自分自身の声を無視したり、自信を喪失したり、本心を軽んじたりなどの行動が見られます。

私はナルシシズム（自己陶酔）の専門家として、パートナーや家族に裏切られたり、虐げられたり、ネグレクトされたり、服従させられたり、ガスライティング（訳注：嘘を教えたり嫌がらせしたりして、相手に自身の正気を疑わせる精神的虐待）されたり、軽んじられたり、操られたり、侮辱されたりしてきた人たちとよく会います。譲れない一線を常に侵害してくる毒家族と一緒に居続けると、生存戦略として、何を引き換えにしても忠実に従ったり、非現実的な期待やプレッシャーに応じたり、自暴自棄になったり、服従したり、怒りを爆発させたり、あるいは過度に感情を抑圧したりするなどの反応を見せるようになります。こうした不適応行動は、心の核となる部分が発達する幼少期に、必要な感情を十分注がれなかったり、過酷な経験に自己概念を歪《ゆが》められたりすることで染みつき、その先も似たような脅威や家庭内の横暴に対して自動的に不適応行動をとるようになってしまいます。

ですから、私の同僚であるシェリー・キャンベル博士がこの素晴らしい本を書いてくれたことを非常に嬉しく思います。この本の中で博士は、自身の個人的な経験と専門家としての経験から来る知恵を、よく考えられた比喩とともに明確かつ雄弁に伝えています。自分がじかに経験したことを広い心でつまびらかにし、過酷な経験と揺るがない強さを見せてくれます。そして、ひどい仕打ちに何度も傷つけられるうちに刷り込まれた固定観念と、感情的に歪められた思考パターンを再調整し、健全に適応するための、大胆で重要な戦略を教えてくれます。彼女は私たちに、完璧な家族は存在しないことと、家族との諍《いさか》いは長い時間が経ってからもずっと私たちを苦しめ続けることを再認識させてくれます。争いや衝突は人間関係につきものですが、交渉可能な意見の対立と、境界線を設けなければ精神の安寧を確保できないような、持続する余地のない毒の回った関係性は、明確に区別する必要があるのです。

この本は、自分の許せる限度を決める手助けをしてくれます。毒家族との距離と接触の頻度を考え直すことを促します。多くの人が苦しみ、耐えている問題の核心と、滅多に表に出てこない事情に光を当てることで、悲しみと向き合い、慎重に消化できる世界へとあなたを誘います。そこでは、もう失《う》せ物の山から自分の心を探し出して取り戻す必要がなくなり、筆をとって自らの手で人生を描けるようになるかもしれません。

博士は専門家、コンサルタント、および心理療法士として何年もクライエントを治療してきた実績があり、すでに何冊もの本を出版しています。そして今回、本書では、あなたのこれまでの人生経験と共鳴する貴重なアドバイスを提供してくれるでしょう。さらに、あなたの記憶に焼きついた感情に呼応し、いつまでも消えない深い傷を癒やすための効果的な戦略を提供してくれます。これらの戦略は、破滅的な生活パターンを健全かつ持続可能な生活パターンへと変えてくれるはずです。

博士の本は、今まさに毒家族に悩まされている人や、毒家族との関係がすでに破綻した人の素晴らしい助けとなると、私は自信を持って言えます。この本はあなたが精神的自由をつかみ、覚醒して新たに力を得るために進むべき道を照らしてくれるでしょう。あなたがまたいつか、息ができる日が来るように。

――ウェンディー・T・ベハリー
世界的ベストセラー『Disarming the Narcissist（仮邦題：ナルシシストへの対処法）』（未邦訳）の著者

幸せになるには親を捨てるしかなかった　[目次]



# PART 1 自分の決断を受け入れる

## 第1章 縁を切ることは自分を守ること　……24

# PART 2 傷を癒やす

PART 3 絶縁後の後処理

幸せになるには親を捨てるしかなかった

# はじめに　自分を許そう

家族と縁を切るというのは、身も心も思考も削られる決断です。彼らと離れたほうが人生が良くなるという強い信念がなければ、一切、あるいはほとんど接触しない姿勢を貫くのは難しいでしょう。「接触しない」というのは、誰か、あるいは何かしらの集団と、直接的だろうと間接的だろうと、顔を合わせたり、口頭、文字などによるやり取りを一切行わないことです。この決断を下すときは、家族がいなくてもまあまあ生きていけるだろう、という程度の気持ちではいけません。まあまあどころか、いないほうがずっといい人生を送れる、と信じる必要があります。実際に絶縁してみると、最初に思い浮かべていたような「まあまあ」な人生になったとは言えないかもしれません。でも大丈夫、そんな状況にあっても絶対に、健全で幸せな気持ちになることはできます。

私はこれから、境界線を引き、維持するためのお手伝いをします。その境界線によってあなたは、これまでずっと願っていた精神と心の安らぎを得られるでしょう。境界線は、家族のプレッシャーから解放されたいという長年の願いを叶えてくれます。そして危害を加えてくる者たちからあなたをしっかりと守ってくれるでしょう。境界線がきちんと引かれていれば、毒家族によって繰り返されるいじめ、過干渉、騒動、支配的なやり口などから解放され、自由に自分の人生を生きられるのです。

そうはいっても、家族と縁を切るというのは2つの相反する感情を引き起こします。私自身にも経験がありますが、一方では、この上ない解放感を味わうでしょう。ありのままの自分を愛してもらう権利を手にするために、とうとう立ち上がった自分を誇りに思います。しかしもう一方で、独りで前へ進むうちに、もしかしたらとんでもない間違いを犯しているのではないかという、自分自身への疑念と後ろめたさが心の底に渦巻き、毒のように蝕《むしば》んでくるのを感じるでしょう。

なぜか？　それは相手が家族だからです。愛情深い家族を求めない人などいません。誰しもそんな家族を求めているのです。

しかし残念ながら、精神的虐待を行う毒家族が、自分たちのやり方以外を受け入れることはありません。毒家族はたった1つのやり方に固執します。変化や、自分たちと違う考え方や、人や思考の柔軟性を受け入れようとはしません。そんな彼らの横暴に耐えることは、すなわち虐待に屈することになります。そしてまさにそれが、私たちの当然の権利である個性、自由、愛情、幸せが健全に育まれるのを阻むのです。

毒家族を助長するのは典型的な集団思考です。家庭内でのすべてにおいて、各個人の独創性、自立性、自己責任感は強く抑えつけられます。また、毒家族では人数が物をいいます。徒党を組んで脅されたら、無垢な子供はひとたまりもありません。あなたは幼い頃からそんな脅しを受け続けてきたことでしょう。

博士として、研究者として、そして学び中の者としても癒やす者としても、私は、個性や自己責任感を否定するような体制の中に居続けては、本当の自分を知り、育み、慈しむことができるとは到底思えません。あなたはきっと、いつか自尊心を持ち、それがどういう感情か知りたいとずっと願いつつも、叶わぬ儚い夢だと半ばあきらめているのではないでしょうか。毒家族といる限り、彼らの支配を自然にかわして自分を1人の人間として尊重することなどできません。自分の価値を自ら見出すには、毒家族との別れが必要です。

私は毒家族の虐待の手口から逃れ、立ち直るために、助言を求めて情報を集めましたが、家族との絶縁を勧められることはほとんどありませんでした。毒家族とは何か、どういうタイプがあるか、私たちにどのような影響を与えるか、そして毒家族のせいで社会で生きづらくなるのはわかりました。確かにそういった情報は私の成長を大いに助けてはくれましたが、自分のことは一から十まで自分自身で決めていいのだと許してくれる助言はめったにありませんでした。そして、私が自分のトラウマと向き合う中で何度も自分にぶつけた疑問に、答えられる人もいませんでした。なぜなら多くの文献は、傷を癒やすためには少なくともある程度は家族との繋がりを保つべきだと教えるからです。

しかし私は、たとえ少しでも虐待に耐えたら、この先もずっと虐待はなくならないとわかっていました。精神的に虐げてくる家族と繋がりを持ち続けることができる人も中にはいるかもしれません。しかしほとんどの人は、そうしてしまえばこの先絶対に、健全には成長できなくなるとわかっています。

繋がりを持ち続けるということは、閉鎖的で臆病なまま虐待を許し、不当な扱いに甘んじたまま生き続けることを意味します。そんな生き方は、良くないに決まっています。私は何年もそんなふうに生きてきました。いくら毒家族について調べても、傷を癒やしてトラウマを乗り越えることはできなかったのです。もしかしたらあなたも私と同じかもしれません。毒家族ともある程度繋がりを持ち続ける「いい人」でいなければならないと信じ込んでいるのです。

しかし、そんな「いい人」であることは、不誠実で有害でしかありません。家族に対してではなく、あなた自身に対してです。「いい人」であり続けることはつまり、毒家族のそばに留まって虐待を受け続けることなのです。

最終的に縁を切るのに、何年もかかることもあります。縁を切ったあと、人生がどうなるか予想がつかないからです。先がわからない中、独りで生きていかなければならないというのは恐ろしいことです。私の場合、立ち直るために足を踏み出すには、私の痛みや、心の中のせめぎ合い、恐怖を本当に理解してくれる人がどこかにいるのだという確信が必要でした。ですから、私と同じような境遇の人が、家族と縁を切る過程でどう感じたか、決断のためにどんな困難や衝突を経験したかをどうしても知りたかったのです。だからこそ私はこの本で、私自身の経験を話します。私が自由になった過程であり、けれど同時に恐ろしくもあった経験です。

家族と絶縁したあと、立ち直るための旅の中で、私は誰も通ったことのない道を孤独に突き進んでいるような気持ちになりました。先の見えない闇の中を歩き、生きていくしかありませんでした。ですが、今の私ならそこから抜け出す道を知っています。毒家族のことを調べても自分の気持ちと隔《へだ》たりを感じたことのある人たちに、特別な、価値あるものを提供できるようになったのです。

虐待に耐えているうちは、絶対に立ち直ることはできません。だからこそ私を含め多くの虐待サバイバーは、家族と接触しないことを選ぶのです。それについては、２０１９年に出した『But It's Your Family: Cutting Ties with Toxic Family Members and Loving Yourself in the Aftermath（仮邦題：毒家族と絶縁する）』（未邦訳）という本で触れています。私が縁を切ったあとの話をするのは、「縁を切る」や「接触しない」と聞くと、家族に対して残酷で理不尽なことをしていると思い込む人がいるからです。そんな決断をする人は怒りっぽくて冷酷で未成熟で意地悪で甘ったれで嫉妬深く、家族に虐げられてアダルトチルドレンになったのも自業自得だと。しかし事実は全く違います。縁を切るのは、悪意や嫌悪からではなく、頑固で無慈悲で甘ったれだからでもなく、仕返しのためでもありません。ただ単に、自分を大事にするための決断なのです。

私は、家族をバラバラにするためにこれを書いているわけではありません。そもそも、毒が回りすでに壊れている家族をそれ以上バラバラにすることなどできません。私の目的は、この重要なテーマについて希望をもたらし、あなたに自分を労《いたわ》るための健全で実践的な方法を示すことです。毒家族との決別は、大きく捉えれば次世代の家族の絆を守ることだと思っています。決別によって、虐待の被害を受けるのは私たちで終わりにするのです。

毒家族と絶縁したあとの人生には未来と希望があります。この本では、好機と苦難の両方についてお伝えします。あなたには幼い頃から自分を信頼しない癖が染みついており、その自信のなさのせいで、今もなかなか自衛の手段をとることができないでいます。今後あなたは、本当に正しい決断をしたのか何度も迷い、家族と絶縁するしかなかった人を理解しない社会から、批判されたり不当な評価を下されたりするでしょう。そしてそのたびに、自信のなさゆえに傷はじくじくと痛むでしょう。境遇のせいで不安になりやすい不安定な人間に育ったあなたが、自分は神経質すぎるかもしれない、家族との距離のとり方が冷徹すぎるかもしれない、と悩むのは当然です。その自己疑念を取り払うことが、楽しく充実した、愛情あふれる人生を生きるために必要なのです。絶縁後、あなたが感じる混乱、罪悪感、不安、孤独、悲しみの理由をすべて解き明かす機会がやってきます。そのとき、この本に載っている治癒方法とスキルを使うことで、新しい境界線の引き方と物事の考え方がわかるようになるでしょう。

毒家族との間に接触不可の境界線を引くことの一番のメリットは、誰にも邪魔されずに自分自身の根本にある傷を癒やし、本当の意味で立ち直るための、時間とスペースを確保できることです。根源的な欲求というのは誰しも生まれたときから持っていて、十分に満たされなければなりません。例えば子供の根源的欲求は、十分な時間をかけて愛情と注目を受け、さらに自分の意見を聞いて、確認し、理解してもらうことなどが含まれます。この欲求が満たされない限り、あとから他人の愛情を受けたところで、人生を巻き戻してやり直したかのように最初の傷をなかったことにはできないのです。私が毒家族について調べたときは、愛されたい、受け入れられたい、精神的支えがほしいという基本的欲求を埋めるには、他人との交友関係にそれを求めればいいという楽観的なアドバイスをもらいました。確かに他人との間に愛を育《はぐく》むのも、最終的に幸せになるには根本的に重要であり必要なことです。ですが私たちが家族から得るはずだったものについて、他人を当てにしてプレッシャーをかけるのは適切ではありませんし、そもそも代わりのもので満たそうとしても無理な話です。家族しか与えられないものを他の誰でも与えることができると考えるのは浅はかで、危険でもあります。誰かに自分の傷を癒やし、根源的欲求を満たしてもらえると誤解しかねないからです。実際には、自分の傷を癒やして根源的欲求を満たしてあげられるのは、結局のところ自分自身しかいないのです。

立ち直るためには、あなたが過去にどんな経験をしてきたか、そしてそのせいでこれまでどんなふうに生きてきたのか、じっくりと見直さなければなりません。あなたの、人として最も重要なミッションは、自分の人生をその手に取り戻すことです。私は心の底から、あなたが立ち直れるように背中を押し続けたいと思っています。絶縁後に私や他のサバイバーがぶつかった予想外の壁について話し、あなたが振り返らずに自分を労ることだけに注力するための手立てを教えます。あなたが立ち直るために、有害な家族があなたにしてあげられることは何もありません。一番いい立ち直り方は、あなたが自分の力で立ち直ることです。ですから私はここであなたに、以下のことをする許可を与えます。

○毒家族との関係を終わらせていい。
○何度もあなたの幸せを害する人のもとを離れ、関係を絶っていい。
○相手に怒り、自分のことを労って自分の欲求を叶え、赦《ゆる》しを請われても拒否していい。
○自分の人生をどう生きるかを自分の好きに決め、その決断について誰にも説明しなくていい。

※これらをいつでも思い出せるようにしたければ、http://www.newharbinger.com/49289からフリーツール（英文のみ）をダウンロードして印刷し、好きなところに貼っておくといいでしょう。

# PART 1 自分の決断を受け入れる

第1章

# 縁を切ることは自分を守ること

家族と縁を切るのは、自分を守り解放するためにすることです。家族を害したり傷つけたり悲しませたりするために絶縁するのではありません。絶縁を決断することで、あなたが家族に対して何かしてしまうわけではありません。むしろあなたは自分自身のために、とても大切なことをしているのです。しかし、そうして解放されても、魔法のようにすぐさまバラ色の人生がやってくるわけではありません。絶縁は必ず不快感と痛みを伴います。どんなときも、絶縁は自分を大事にするための選択だということを絶対に忘れないでください。

縁を切る相手が親、兄弟、成人した子供、あるいは他の親戚だろうと、関係を絶ちたい理由は似たり寄ったりです。そして皮肉にも、毒のある友人やパートナー、同僚などと関係を絶ちたいと望む理由ともそう変わりません。毒家族と縁を切った、あるいは切りたいと願う一般的な原因を次に並べました。

○心理的な虐待と支配（過去の改ざん、ガスライティング、嘘をつく、組織的中傷、心理的投影、三角構造、責任転嫁、非難、辱《はずかし》める、追放、罪悪感を植えつける、騒動を起こす、過剰な愛情表現、復縁を迫る、監視、過干渉、管理、極端に反論する等）
○経済的虐待
○身体的虐待
○性的虐待
○執着、ネグレクト
○価値観の相違と対立
○境界線の欠如
○尊重しない
○義理と誠実性の欠如
○家庭内で徒党を組み、家族の１人を追放する
○噂を触れ回る

多くの人が家族と縁を切る原因となった事柄を見て、ほっとしてくれていると嬉しいです。これらが十分、絶縁の原因になるのです。あなたは独りじゃないとわかったでしょう。

幸い原因の部分はたやすく呑み込めますが、いざどうやって絶縁するかについては、実際

に行動を起こさないとならないためハードルが上がるでしょう。ましてこのように感情のからむ状況では、恐怖や不安に足がすくむのは自然なことです。家族に対して接触不可の境界線を引き、今後一切連絡を取り合わないと伝えるのに有効な手段を挙げます。

○話し合う（ただし生産的な会話はできないでしょう）。
○あなたの決断について手紙を書く。
○説明なく離れる。
○連絡を絶つ。相手をブロックし、連絡先を削除する。

幸せのヒント

完璧な絶縁方法は存在しません。
大事なのは、絶縁の必要を感じたら絶縁することです。

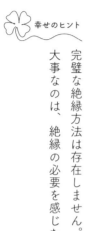

小休止

絶縁方法を考えるとき、あなたにとって一番簡単で痛みが少ない方法を選んでください。相手との衝突は避けられなくとも、あなたができると思うものです。あなたが自分自身を大事にするためにどんな方法をとるのか、書き出してみてください。具体的に何からあなたた自身を守ろうとしているのか。絶縁することで今後、どんな仕打ちを受けずに済むのか。要は、縁を切ることであなたにとってどんないいことがあるのかを書き出してみましょう。そして、これからこの本のやり方に沿ってあなたの人生から家族の悪影響を取り除いていくときも、ここであなたが書いたことを常に頭の片隅に置いておいてください。

## 毒になる人々の特徴

毒家族についてもっとよく知るために、何をもって「毒」と呼ぶのか、まずはその特徴について知っていきましょう。私は『精神疾患の診断・統計マニュアル』（ＤＳＭ‐５）で与えられている名称や診断よりも、「毒」という言葉のほうを好んで使っています。「毒」は、ＤＳＭ‐５のパーソナリティ障害Ｂ群に含まれる様々な特性を併せ持つ人を簡潔に言い表すのに適しています。あなたの毒家族の特性を特定することで、あなたが相手にしているのがどういう性質のものなのか、より具体的にわかるでしょう。これらの特性を見れば、彼らが実際に「毒」と診断されるような人間であり、彼らが言うような、あなたの空想や被害妄想などではないということがわかります。彼らは次の特性のうちのいくつかに当てはまる可能性が高いでしょう。

☑ 自分が一番注目されていないと気が済まない。
☑ 感情が急激に変化する。
☑ 大げさに芝居がかった言動をする。
☑ 身体的な見た目を過剰に気にする。
☑ 常に励まされ、承認されたがる。
☑ 批判や否定に過敏。
☑ すぐにイライラする。
☑ 向こう見ずな判断をする。
☑ 人間関係を維持できない、人間関係が浅いか紛《まが》い物。
☑ 注目を得るために自殺を仄《ほの》めかす、または企《くわだ》てる。
☑ 実績や才能を誇張する。
☑ 自分のほうが優れていると思い込んでいる。
☑ 会話を独占する。
☑ えこひいきや絶対的な追従を期待する。
☑ 他人を利用する。

☑ 嫉妬深く、他人を貶《おとし》める。
☑ 傲慢または横柄な態度。
☑ 特別扱いを要求する。
☑ 感情と態度を制御できない。
☑ ストレスにうまく対処できないか、変化に順応できない、またはその両方。
☑ 皮肉屋で辛辣《しんらつ》。
☑ 消極的で無力な人間を装い、大人としての責任を逃れる。
☑ 捨てられることを極度に恐れる。
☑ 悲観的またはネガティブな人生観。
☑ １人でいることを嫌う。
☑ 善悪を軽視する。
☑ 何度も嘘をついたり騙したりして他人を利用する。
☑ 他人に対して冷淡かつ冷笑的で、他人を蔑《ないがし》ろにする。
☑ 自分の利や快楽のために、人をたぶらかしたり策を弄したりして他人を操る。
☑ 極端に独善的。
☑ 犯罪行為など、警察沙汰を繰り返し起こす。
☑ 脅迫や詐欺などで他人の権利を繰り返し侵す。

☑ 他人への共感性に欠け、他人を傷つけることに罪悪感を覚えない。
☑ 自分の言動が悪い結果に繋がることを予測したり、その経験から学ぶことができない。

このリストを見て、絶縁を決めた自分の判断に自信を持つか、これから絶縁する勇気を持ってもらえたなら嬉しいです。このリストを見て、あなたが経験してきたことが本物の虐待と支配だと確信できたでしょう。

## 毒家族と健全な家族の違い

どんな人でも、「毒」の特徴や態度を見せることはあります。完璧な人などいないのですから。これから毒親の例を中心に話をしますが、この知識は親以外の他の毒家族にも当てはまります。どんな親でも図《はか》らずも子供を傷つけてしまうことはあります。人生は楽ではありません。どれほど健全な親でも、子供が親の愛情を必要としているときに必ずそれを与えてあげられるわけではありません。もしあなたに子供がいるのなら、きっと親として深く後悔した瞬間があるでしょう。ですが、そのような過《あやま》ちは子育てにおいてままあることで、そのせいであなたが毒親であるということにはなりません。

子育てを完璧にこなせないのは、人間的で、ごくあたり前のことです。そんなとき健全な親なら、子供を傷つけてしまったことをひどく後悔します。自然に湧き起こる罪悪感と自責の念に駆り立てられて、償おうとするでしょう。間違っても、自分を恥じる気持ちを子供のせいにして、自分を正当化しようとはしないはずです。

しかし毒家族はそれをします。脆《もろ》い心を持った彼らにとっては、自分が嫌な思いをする理由を誰かになすりつけるほうが楽なのです。毒親は子供の無垢な心を捻《ね》じ曲げ、何も欲しがらずに大人しくしてさえいれば、親ももっといい親になってくれるのだと子供に信じ込ませます。子供は親が間違っているとは見抜けません。自分が原因ではない行動やトラブルの責任を不当に被らされ、知らぬ間に罪の意識を吸収し背負い込んでしまいます。そんなことが起こるたびに、子供は自分が「悪い子」なのだと思い込むようになるのです。

私やあなたを含め多くのサバイバーは時間とともに、自分が本当の意味では家族に愛されていないという辛い現実を受け入れます。しかしそれは、私たちが出来損ないの子供、兄弟、あるいは、いとこだからではなく、家族が愛情そのものを大切にしていないからです。毒家族が価値を見出すのは愛情ではなく力なのです。

私の場合は、母に偽りの愛情を向けられていました。母は、母親として私を愛さなければならないから愛そうとしているに過ぎないと、私は常々感じていました。私を愛することは義務だったのです。現に、母が本当は私を軽蔑していたのをいつも感じていましたし、他の家族との扱いに差があるのを知っていました。確かに、母に優しくされ気にかけられたこともありました。効果的に相手を支配するにはそういった態度も必要です。そのせいで私は母に愛されているかもしれないという希望にしがみつきましたが、それでも心の奥底ではずっとわかっていました。母の本当の気持ちは、表情や仕草、声のトーンに表れていましたから。相手に本当に愛されていれば本能的にそれがわかるものですが、私が母からの愛を感じることはありませんでした。

小休止

家族から本当に愛されていると感じたことがあるか、思い出してみましょう。家族から愛されていないと気づいたときにどう感じましたか。そしてその感情をどう受け入れましたか。

あなたが当然家族から与えられるべきだった愛情をこれまでずっともらえていないと心の底から確信したならば、次はあなた自身を虐待から守るための選択をするべきです。

幸せのヒント

縁を切ることで、私たちは変わり、立ち直り、健《すこ》やかになっていきます。毒家族のほうはそうはなりません。

絶縁において一番の壁は、決断することです。他にも大勢の人が同じ決断をしていると知らなければ、決断にはとても勇気がいります。参考にできるようなモデルケースや決まった手順などありませんし、結果の良し悪しにかかわらず、その後どうなったのかあなたに知るすべはありません。なので、人生を変える大きな決断をする前に、同じ決断をした人が他にどのくらいいるか知っておくだけで、必ずあなたの支えになります。それについては統計を見てみましょう。

## 家族と縁を切る人の割合

家族があまりに有害で、精神的虐待に耐えるという不健全な方法しか関係を保つすべがない人は世の中に大勢います。2015年のアメリカ合衆国の調べでは、40%以上の人が、人生に一度は家族と疎遠になったことがあると報告されています。親戚と疎遠になるケースが多いようですが、より近い身内と疎遠になるケースも多いようです。報告によると、なんと10%もの母親が現在、成人した子供と疎遠になっています。[1]

『Healing the Adult Children of Narcissists（仮邦題：ナルシシストの呪縛から逃れるために）』（未邦訳）の著者、シャヒダ・アラビ氏は、以下のような家族がいると自己申告した700人に対して調査を行いました。

○ナルシシストの母親：36％
○ナルシシストの父親：22％
○両親ともに毒親：14％
○日常的に共感性が欠如している親：86％
○自己中心的な人格が見られる親：84％
○極端な権利意識を持っている親：76％
○批判されたり軽んじられたりしたときに激しく怒る親：74％[2]

ケンブリッジ大学の家族研究センターと慈善団体スタンドアローンの共同プロジェクト「隠れた声――成人後に疎遠になる家族――」には、実に８００人以上が協力しました。その８００人には、子供と疎遠になった親と、親と疎遠になった子供の両方が含まれ、世代間で関係が疎遠になることについて２つの側面から光を当てています。調査によると、次のことがわかっています。

○親と疎遠になったアダルトチルドレンのうち、半分以上が自分のほうから連絡を絶ったと言っている。
○５～６％の親が、自分のほうから連絡を絶ったと言っている。

○親と疎遠になったアダルトチルドレンのうち、79％が母親との関係を維持する未来が見えないと感じた。
○親と疎遠になったアダルトチルドレンのうち、71％が今後一切父親との関係を維持できないと感じた。[3]

調査に参加したアダルトチルドレンに、親に求めていたものを尋ねたところ、「彼らは『もっと親密でなごやかな、愛情を感じられる関係を求めていた』と答えました。そして、『批判的で辛辣な母親でいてほしくなかった、子供を傷つける態度をとったらそれを認めてほしかった』と言いました。また彼らは父親に『もっと子供の人生に興味を持ち、配偶者を含めた他の家族に対して、子供のために真正面から立ち向かってほしかった』」と答えています。[4]

この調査に回答した人たちの考えや気持ちが、あなたにもよくわかるのではないでしょうか。40％近くの人が少なくとも一度は家族と疎遠になったことがあるという事実が、あなたの決断を後押ししてくれることを願っています。これほど多くの人たちが家族と疎遠になっているという事実をなぜ今まで知らなかったのか、疑問に思うかもしれません。もしあなたと同じような境遇の人たちが全員、虐待された事実を報告していたら、この割合は40％を優に超えるでしょう。しかし、虐待を報告しない人は大勢います。家族の秘密を外に漏らさないよう、露骨に、あるいは巧妙に支配されてきたからです。

## 沈黙するサバイバーたち

家族と絶縁したあとの人生がどのようなものか、ほとんど情報がないのは、多くのサバイバーが自身の苦難について沈黙を守るからです。そして家族と縁を切ることについて開けっぴろげに話す人がほとんどいないからこそ、絶縁は世間に広く誤解されているのです。サバイバーの中には、家族と絶縁したことを恥だと思い大っぴらにしたがらない人たちもいます。あるいは、自分が冷酷な人だと思われたくない人もいます。他人から軽蔑されたり判断されたりするのが嫌で、家庭問題を隠そうとする人たちも大勢います。

この本の目的は、家族と絶縁した私自身の個人的な経験および私のクライエントやソーシャルメディアのフォロワーたちの経験と、私の専門知識を合わせることで、家族と別れ、意味と目的のある人生を生きようとしている人たちの助けになることです。私はあなたに、心の奥に隠している罪悪感と混乱を表に出し、それらについて話し、精査し、許し、認め、そして立ち直ってほしいと思っています。あなたならきっと、自分を傷つけるだけだった経験をむしろ、世間に大きな影響を与える素晴らしい教訓に変えられると信じています。

そのためには、精神的に深く傷つけてくる家族から自分を守るために下した決断、または下そうとしている決断について、誇りを持てるようにならなければなりません。今後、家族との間にどんなことがあろうとも、人生をその手に取り戻すために決断した自分を尊重してください。

# 第2章 絶縁後も痛みは続く

家族と繋がりを絶ったあとも、心は傷つきます。あなたが家族と繋がりたい、もしくは話をしたいからではありません。家族――特に親兄弟、子、いとこ、祖父母が、同じ家族の一員であるあなたと繋がりを断たれても何とも思わない、という事実が受け入れがたくて傷つくのです。虐待に立ち向かったあなたは、家族が、あなたに謝るくらいなら縁を切ったほうがましだと思っていることに気づくでしょう。そしてその信じがたい事実に打ちのめされるでしょう。前へ進もうとしていた足が止まってしまうほどの衝撃です。このとき、あなたは彼らに慈しみの心などないのだと気づくでしょう。その事実を受け入れるのは、砂を呑むかのように苦しいことです。

私は毒家族と縁を切ったあと、思いもよらなかった様々な現実を突きつけられました。その中で私が学んできたことをこれを読んでいるあなたにも伝えたいと思います。絶縁後、新しく手に入れた自由に対する歓喜と、決断を後悔する気持ちとの間で心が揺れるのは至って普通のことです。ディズニー映画『塔の上のラプンツェル』の中で、その心の迷いがわかりやすく描かれているので、ぜひ一度観てみてください。主人公ラプンツェルに、あなたの立場を重ねてみましょう。彼女はあなたにとっての毒家族と同じような存在である、母ゴーテルのもとから逃げ出します。自由を手にし、自分自身を知るために、ラプンツェルは母親を裏切らなければなりません。

閉じ込められていた塔から脱出するとき、ラプンツェルは自身の髪を伝って塔を下りますが、触れることすら禁じられていた地面に近づいたとき、突如怖くなって躊躇《ためら》います。恐る恐るつま先で草に触れ、しっかりと安全を確かめてから、ようやく安心したように地面に下り立ち、気持ちが舞い上がって歌い出します。脱出をやり遂げた衝撃に何度も「信じられない」（ディズニーのアニメーション映画『塔の上のラプンツェル』日本語吹き替え版より引用。以降のセリフも同様）と言いながら、腕を広げて跳ね回り、大きな可能性に満ちた新しい人生に心躍らせます。彼女の目の前には、初めて見る世界が広がっているのです。彼女を邪魔し、陥《おとし》れ、抑えつけるものなど何もない、自由な世界が。

しかし次の瞬間、ラプンツェルははっとしたように両手を胸に当て、母が知ったら何と言うだろうかと恐怖に身をすくめます。恐怖に呑まれそうになると膝を抱えて体を前後に揺らし、不安を露《あら》わにします。でもすぐに「ものすごーく楽しい！」と叫びながら走り回り、落ち葉の山を楽しげに蹴散らします。彼女の気分は矢継ぎ早にころころと変わっていきます。木の上で「私ってひどい子よね……戻らなくちゃ」と暗い声で言ったかと思えば、その2秒後には「絶対戻ったりしないんだから！」と笑いながら言い放ち、丘の斜面を転がっていく。けれどまたそんな自分に絶望し、うつ伏せで地面に倒れ伏して、自分は最低な人間だと嘆きます。その直後には髪をロープのように木から垂らしてぶら下がり、歓声を上げながらぐるぐると木の周りを回って遊びます。しかしその高揚感も間もなく消え去ります。母を裏切りたくない気持ちと自由への憧れとの間で板挟みになった彼女は、打ちひしがれて涙を流します。彼女を連れ出した男は、そんな彼女に歩み寄り、君は自分の心と闘っているんだね、と言うのです。

ラプンツェルの揺れ動く気持ちはまさに、家族との絶縁後にやってくる感情そのものです。絶縁後は、自由を手に入れた喜びと、精神的な檻《おり》から逃げ出し家族を裏切ったという罪悪感と疑心との間で心が揺れ、苦しむでしょう。ですが、どうかこの矛盾に気づいてください。そもそも、先に裏切られたのはあなたのほうです。あなたが何をしようと、裏切り者はあなたではなく家族のほうです。それはラプンツェルもわかっていました。それでも、誰しも家族と絶縁したあとは、家族を裏切ってしまったんじゃないかという考えに苛《さいな》まれ、心の中で闘うことになるのです。

このような相反する感情のせめぎ合いが起こるのは、ストックホルム症候群の症状と言えるでしょう。ストックホルム症候群とは、閉じ込められた被害者が閉じ込めた加害者に対して信頼や好意を抱く現象のことで、毒家族の被害者たちの場合、その感情はさらに加速します。なぜなら、私たち被害者を閉じ込め、信頼や好意を寄せられる加害者は他ならぬ私たち自身の家族であり、本来愛情を抱くべき相手だからです。

毒家族から解放されたあとは、きっとラプンツェルのように自信が湧いたり、なくなったりという感情の起伏を経験するでしょう。まずは、もしかしたら自分は本当に家族が言うような卑劣で最低な人間なんじゃないかという、心の奥底にある恐怖が顔を覗かせます。それから、家族を〝蔑《ないがし》ろにする〟ことで、バチが当たるのではないかと怖くなるかもしれません。それでも、正常に機能しない家族との間にはっきりと線を引き、自分を尊重する決断を下せたならば、あなたもラプンツェルのように、それまで感じたことのない強い力が自分の中に湧き起こるのを感じるでしょう。

絶縁したからといって問題がすべて消えてなくなるわけではありません。新たな問題は次から次へと降ってくるでしょう。しかし私や私のクライエントたちを含め、多くのサバイバーの人生は、時間が経つごとに良くなっていきました。そしてあるとき気づくのです。自分を精神的に虐げる家族と縁を切ったからといって、家族という存在に焦がれる気持ちがなくなるわけではないのだと。私たちは、かつての自分が得られなかった理想の家族を求めるのです。

家族とは、あなたを守り、一緒にいて安心でき、同じ仲間だと思えるような存在でなければなりません。家族は何ものにも代えがたい存在であり、他の場所や人間関係で全く同じ存在を得ることはできないでしょう。そしてどんな人にとっても、家族関係は総じての幸福感のもとになる必要不可欠なものです。家族との関わりを失うと、自分が無防備で不安定になったかのように感じるでしょう。たとえ家族の近くが安全な場所でなかったとしても、家族はあなたの根本にあり、あなたを形作る重要な存在だったということです。これまであなたの知るすべてだったのですから、当然のことです。

ですから、家族と絶縁したあとの人生は未知との遭遇の連続であることを覚悟してください。とてつもなく大きな変化に順応するには時間がかかります。家族のことで頭がいっぱいになる日もあれば、全く思い出さない日もあるでしょう。それは至って普通のことです。しかし、血が繋がっていようといまいと、縁を切ったからといって家族との関わりが完全に消えることはありません。現実に関わりがなくなろうと、感情的、そして精神的な面で関わりがなくなることはないのです。

幸せのヒント

時には、あなたを苦しめるものを手放さなければなりません。
たとえ手放すこと自体が苦しくとも。

## 絶縁後の静寂

絶縁後の静けさこそ、絶縁の最高の産物と言えるでしょう。もっとも、人によっては最悪の産物に思えるかもしれませんが。心の中で、もともと家族がノイズを発していた場所が静寂に包まれるのは奇妙に感じるかもしれません。ですが、虐待に対してあなたが沈黙したところで、家族は彼ら自身に問題があるという自覚を持たないので、静寂は自然な結果なのです。彼らはむしろあなたに問題があると見なすでしょう。あなたの沈黙は反抗と受け取られ、彼らはそれを上回る沈黙であなたを圧倒しようとしてくるでしょう。

私の場合は、絶縁後の静けさにほっとしました。他の多くのサバイバーと同じように、家族からの電話に出たいとは欠片《かけら》も思いませんし、家族とまた会いたいとも思いません。昔の私は何度も家族と元の関係に戻っては虐げられれを繰り返し、関係改善の余地がないことを思い知りました。今は家族との距離と、連絡を取らないことで得られる安心感に満足しています。それでも、今もときどき静寂に打ちのめされたり、孤独を感じたり、胸が痛んだりすることはあります。もしかしたらあなたも同じように感じた経験があるかもしれませんが、あなたは決して独りではありません。

私のクライエントの１人であるジーナも、あなたや私、他の人々と同じように、激しく動揺することがあります。ジーナの妹は、ジーナの娘に誕生日や祭日のプレゼントを贈ってきますが、そんなときもジーナへの挨拶は一言もありません。一見すると、ジーナのほうから妹との連絡を絶ったのだから、そんなことに傷つくのはお門違いだと思うかもしれません。ですが「接触不可」の境界線が引かれた場合は、縁を切った本人だけでなくその子供にも一緒に「接触不可」が適用されるべきなのです。

しかし毒家族は、例えばジーナのような立場の人を傷つけないように、姪と健全な交流をしようと気遣ってはくれません。彼らは自分の行動に責任を負ったり、自ら態度を変えたり、あなたやあなたの価値観に配慮したりはしません。彼らは「やられたらやり返す」を愛情と履き違えています。「あなたが私を切るなら私もあなたを切るけど、あなたの子供は私の姪や甥、もしくは孫でもあるから、彼らのことはこれからも食い物にする」という考えのもとに生きているのです。残念ながら、毒家族があなたと張り合ったり、あなたを除《の》け者にしようと精神的に攻撃してきたりしても、あなたは余計に「接触不可」の境界線を強固に引きたくなるだけでしょう。

**幸せのヒント**

毒家族である時点で、
彼らに罪がないなんてことはあり得ません。

小休止

あなたの毒家族は、自らの意志で意図的にあなたや他の人たちを不健全な生き方に巻き込みます。彼らはあえて、あなたに害をなす仕事や遊び、人間関係などに興じるのです。この認識を持つことが、あなたが立ち直る上でとても大切です。次は、なぜ家族がそんな人間なのかを知っていきましょう。

## 切っても切れない

家族の中から自分を排除するときの感情は、とても言葉で言い表せるものではありません。本来あなたを一番に気にかけるべき家族にとって、あなたが無価値でどうでもいい存在だという事実を受け入れるのはとても恐ろしく、疎外感を煽ります。その気持ちは、自分は愛されないのだという思い込みとともに、成長したあともあなたの中に深く根づいています。毒家族と絶縁した人たちの多くは、そんな壮絶な感情に耐えながら生きています。自分にとって不健全な思い込みと負の感情を持つように仕向けられると、そこから自分自身を変え、立ち直るのは簡単なことではありません。ですが決して不可能なことではないのです。

科学的根拠があるかはわかりませんが、遺伝子には感情的な結びつきを生む何かがあると私は思います。たとえ、連絡を絶ち安心できる場所に身を置くという自分の決断に満足していたとしても、心のどこかで、あなたが一度も手に入れられなかったもの、本来手に入れるはずだったものへの切望を抱え続けるでしょう。そして、もしかしたら自分にこそ問題があったのではという思いが、消えることなく残り続けるでしょう。絶縁したあともあなたの中には、家族からの支配や虐待に対して弱い部分が残り続けます。どれほど年齢を重ねようと、知識を得ようと、人生経験を積もうと、あなたが彼らの子供、兄弟、甥や姪、孫、あるいは親であることに変わりはないからです。最もトラウマに苦しんでいるとき、家族に助けを求めるのはごく自然なことです。家族を愛したい、そして愛されたいという自然な感情が、あなたの心を乱すでしょう。今でも彼らに愛され手を差し伸べてほしいなら、縁を切るのは果たして本当に正しい選択なのだろうか、と迷うかもしれません。

幸せのヒント

人は、たとえそれが偽りの安心感であったとしても、見知ったものに安心し、引き寄せられます。ほとんどの毒家族サバイバーは無意識のうちに先の見えない選択肢を避け、慣れた痛みを選んでしまいます。

家族と縁を切るという決断に対し、１００パーセント肯定的になれることは稀です。自分自身への疑念がちらちらと頭の隅をかすめては、心を蝕むでしょう。そんなふうに思い悩むのは至って健全で普通のことで、あなたが愛と慈しみにあふれる人だということの証明に他なりません。この手の決断は、実際に決断するまで完全に確信を持つことはできません。しかしだからと言って、あなたを長年苦しめてきた虐待と支配から解放されるための決断をあきらめないでほしいのです。

## 自信はいらない

以前取材を受けたとき、毒家族と縁を切る自信がほしい人のために、どんなスキルを伝授できるか聞かれたことがあります。私は取材者に、自分が家族と絶縁したときは、自信やスキルといったものは全く持っていなかったと話しました。他の多くの毒家族サバイバーもそうであるように、これ以上家族から与えられる心理的ダメージに耐えながら生きていくのは無理だと思ったから縁を切ったのです。他に健全な選択肢などありませんでした。45年間、家族と関係を続けるためにありとあらゆる方法を試しては失敗することを繰り返してきた中で、絶縁という選択肢が育ち、形を変え、大きくなっていったのだと私は説明しました。最終的に、私には２つの選択肢が残されていました。燃える家の中に留まるか、窓から飛び降りるか。そうなってようやく、私は自分のために健全で幸せな人生をつかもうと、飛び降りることを選んだのです。それまでの人生で、あまりに卑劣な嘘をつかれたり、裏切られたり、残酷な仕打ちを受けてきたために、もう自分の身を守るために行動するしかありませんでした。私は家族と縁を切りたかったわけではありません。縁を切るしかなかったのです。自信があったから絶縁したのではなく、ただ生きるための決断をしたのでした。

縁を切るとき、自信がないのは当然のことです。その決断があなたにとっていい方向に働くのか、それとも追い打ちをかけるのか、判断に足る根拠も経験もないのですから。自分への疑念が生まれて、容赦なく自問自答することになるかもしれません。確実な答えなどどこにもないのに、それを求めてさまようでしょう。そんなときこそ、第1章の「毒になる人々の特徴」リストに立ち返り、あなたの決断を妨害してきた人たちの行為の数々を再確認するのをお勧めします。あなたが長年耐えてきた、家族からの仕打ちで積もったダメージのことを思い出せるでしょう。このリストは信用できます。今後の人生においても、きっと役に立つでしょう。

## 疑問の無限ループ

シャロンという女性は、家族のことを考えると思考が無限ループにはまってしまうと言っていました。彼らがどうしてああなのか、理由や過程を考え始めると混乱し、考えや感情が渦のようにぐるぐると回ってしまうのだそうです。そのくせどれほど答えを求めて悩もうと、彼女の痛みが解消されることはありません。

そうしてたどりついた答えに安らぎを得られないと、抑えられない感情が吹きこぼれ、彼女はこれまで自分が親兄弟に対して、本当に責められるほど悪いことや間違ったことをしてきたのかと憤慨します。その気持ちを口に出しているうちに、大抵は自分が家族のためにどれほど尽くしてきたかを羅列し始めます。それからまた、親兄弟から受けたひどい仕打ちを並べていきます。彼女の３人の兄弟のうち２人は自殺しており、皮肉にもそのおかげで、自分が問題の原因ではないと頭では理解できます。それでも彼女は、自分と自分の価値観に対する疑念を完全に払拭することができません。

あなたもシャロンのように、このような答えのない質問を自分に投げかけてはいませんか。

○なぜ両親や兄弟は気遣ってくれなかったのだろう。
○なぜ親戚は介入して助けてくれなかったのだろう。
○なぜどれほど努力しようとも、家族は彼ら自身を省《かえり》みようとしなかったのだろう。
○なぜ親は、愛すべき存在であるはずの私のために、譲歩すらしてくれないのだろう。

思考がこのような無限ループに陥ってしまうのは、家族に虐待されている人によく見られます。健全な人なら、関係を修復するために心から謝り、反省して態度を変えるところなのに、それすらしようと思えないほど家族が自分を愛していないのはなぜなのだろう――その理由を理解するのはとても辛いことです。

なぜ愛する家族が、そこまで冷淡になれるのでしょうか。

答えは残酷です。彼らにとって、あなたがどうでもいい存在だからです。

どうでもいいなんてこと、あり得るのでしょうか。

その疑問への答えもまた残酷なものです。はい、あり得るのです。

誰かに共感したり、誰かを気遣ったりする能力に欠けているかどうかが、毒のある人と、欠点のある普通の人との決定的な違いです。相手が血の繋がった相手なら尚更、この違いははっきりと表れます。

虐待者にもときどき、まともになる瞬間があります。正しいことを言い、正しいことを行う日もあるでしょう。ですがそれはあなたを混乱させ、偽りの希望を与えるためだけに行われているのです。

幸せのヒント

虐待者が一時まともになったからといって、
彼らが虐待者であるという事実は変わりません。

あなたは、家族というものが自分にとってどんな意味を持つものかわかっているからこそ、自分の家族と距離を置くのです。あなたにとっての家族とは、虐待や支配などといったものとは本来無縁のものです。ですから、自分自身に決意表明してください。今後二度と、あなたを誰よりも深く愛し守るはずだった家族から、不当な扱いを受けたりしないと。

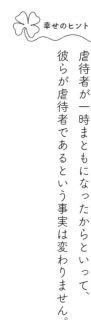

## 疑念との決別

縁を切るとき、自問自答したり、自身へ疑念を抱いたりして苦しむのは悪いことではありません。それもすべて、立ち直るために必要なプロセスなのです。手を差し伸べ、愛してくれる家族がほしいと思うのは人間としての根源的な欲求であり、捨て去ることはできません。たとえあなたが虐待者たちから離れ、自分の決断に満足していたとしても、心にぽっかり穴が開いたような感覚はもちろんあるでしょう。愛し合い、信頼できる仲間がいないことへの虚無感を覚えるのは当然です。安心感、優しさ、同情、信頼感、安定感、安全――健全な家族なら与えてくれるものを得られなかったのですから。

あなたがどれほど自分を解放する決断に自信を持っていたとしても、悲しいことに無意識下ではまだ、当の家族に自分の決断を許してほしいと思っているかもしれません。あるいは、少なくとも絶縁の決断を受け入れるような発言をしてほしいと思っているかもしれません。ですが、あなたの家族が「今まであなたに対してひどいことをしてきた。あなたが、これまで奪われてきた愛と幸せを手に入れるために私たちから離れようとするのも納得できる」と言って、ずっと求めてきた決着を与えてくれる未来など幻想でしかないということは、これまでの経験から痛いほどわかっているでしょう。だからこそ境界線が必要なのです。あなたと毒家族を隔てるためだけでなく、あなたがずっと持ち続けてきた期待とこれからの人生との間に線を引き、そんな期待を置き去りにして生きていくために。

# 第3章 自分を守るための境界線

個人の境界線（パーソナル・バウンダリー）というのは、関わりのある他人に対して、あなたにとって合理的で安全かつ自由を侵害しない言動を取らせるために作る簡単なガイドラインやルール、あるいは制約のようなものです。それを定める際には、誰かがそれを侵したときにどのように対処するかも決めておく必要があります。残念なことに、このような境界線は世間一般では誰に対しても設けてよいとされているのに、家族に対してだけは許されていないようです。なぜ家族という肩書があるからといって、目こぼしされるのでしょうか。

私たちが属する大きな社会では、自分を育ててくれた人や一緒に育った人に対して境界線を設けるのは冷酷だとされています。それをするのが大人なら尚更です。こんな通念のせいで、何か嫌なことが起こったときに、今あなたの人生に関わりのある人たちの中で誰に責任があるのか確かめようとせず目を逸《そ》らすという、不健全なパターンが出来上がってしまうのです。そしてあなたは反射的に、自分のせいだと容赦なく自分を責めるでしょう。

境界線を設けさせてもらえないまま成長したことで、自分以外の誰かにも罪があることに気づきもしないかもしれません。

しっかりと強固な境界線を築ければ、縁を切り、距離を保つことができるでしょう。物理的な境界線は、あなたにとってよいものを内に入れ、悪いものを締め出すことができます。心理的な境界線は、目に見えるものではありませんが、物理的境界線と同じくらい重要です。特に家族に対する境界線は曖昧になりやすいので、明確にする必要があります。心理的境界線とは、あなた自身の感情と他人の感情を分けるためのものです。

**幸せのヒント**

境界線を設けることは、
自分を尊重するという宣言です。

おそらく家族は、あなたに境界線を設けられたことを侮辱と捉えるでしょう。でもそれは、あなたには関係のないことです。彼ら自身が向き合ってどうにかしなければならない問題です（そんな気はないかもしれませんが）。彼らがあなたの境界線を侵すのを許す必要はありません。彼らの気持ちを自分のせいにしたり、自分よりも彼らの気持ちを優先させたり、彼らに責められるのを甘んじて受け入れたり、彼らの問題で責任を取ったりする必要はないのです。では、境界線はどこに引けばいいか。あなたの痛みに耳を傾けてください。傷ついたとき、あなたが何を許容し何を許容しないのか、じっくり考えてみてください。

家族と縁を切るからといって、あなたが冷たい心の持ち主だったり、非情だったり、優しさに欠けていたりするというわけではありません。むしろその反対です。自分の傷を労り守りたい、そして他人のことも守りたいという思いがあるからこそ、制限を設けるのです。

虐待する家族との間に境界線を設けることで、立ち直り、望みを叶えるための機会や選択肢が広がります。家族の毒に晒されていないあなたには、幸せになり、ありのままの自分になり、嫌なことにノーと言い、自分の意見を言い、愛したい人を愛し、やりたいことをやり、言うべきことを言う資格があります。これらすべてをあなたの意志で自由に行っていいのです。人生とは本来、そうあるべきものなのですから。

幸せのヒント

境界線を引くのは、あなたが公平性や、真の愛情の意味を重んじる人だからです。

家族と絶縁することについて、なかなか他人の賛同を得られないこともあるでしょう。なぜなら、なぜあなたがそこまでする必要があるのか、多くの人にとっては理解できないからです。しかし、あなたが自分自身のために最善を尽くすのに、他の人の理解を得て許された気になる必要などありません。

## 許可を求めるのをやめよう

人生を変える最も確実な一歩は、最も難しい一歩でもあります。最初の一歩は、あなたを毒で侵す環境の中では傷を癒やせないと気づき、家族と縁を切るために最初の境界線を引くところから始まります。絶縁するというのはとてつもなく大変なことです。途方もない勇気がいります。耐えがたいほど辛く、痛みも伴うでしょう。なぜなら自分を家族から切り離すときは、あなたが何歳だろうと、許され、賛同されていると思いたいからです。ですが残念ながら私たちの文化では、絶縁を許さない人が非常に多いのです。クラウド氏とタウンゼント氏の著作『境界線（バウンダリーズ）』によると、境界線を保つのに近しい人たちからの支持を求めてしまう、合理的な理由が存在します。

○愛と帰属意識を求めるのは、人間の根源的な欲求です。凄まじい苦労をしてまで、人は人間関係を築き、維持しようとします。

○孤独への恐怖だけで、多くの人たちが機能不全を起こしている家族に何年もしがみつきます。ですが、一歩を踏み出そうとする人たちが周りの支持を得られることなどないに等しいでしょう。教会も、大多数のセラピストも、友人でさえも、支持してはくれません。支持を得られないと、自分を自由にするための境界線を作り、維持することにさらに臆病になります。なぜなら、正しいことをしているのなら他人も文句なしに賛同してくれるはずだと思い込むからです。そう考えるのは自然ではありますが、それは間違った思い込みです。

○家族に対して正しく健全な境界線を設けてしまえば、愛のない人生を送ることになるという恐怖を振り払うために、周りの支持を集めます。[5]

明確な境界線を設けることで、板挟みになるのは避けられません。家族はあなたの行動を許してはくれないでしょうし、どんな人間にも良心はあると思っている人たちにも賛同してもらえないでしょう。さらに、あなたを助けて問題を解決してあげたいという、他人の欲と戦うことになるでしょう。他人はあなたの家族の関係性を、あなたではなく、自分たちが満足できるような形にしたいのです。ここで疑問が出てきますね。なぜ他人が、あなたの家族の関係性に満足する必要があるのでしょう。箱にきちんときれいに収まっていないものに違和感を覚えて据わりが悪いからでしょうか？　実際、自己満足のためだけに、自分の思う家族との「いい関係」を再構築する手伝いを申し出てくる人もいるでしょう。ですが、自分を守るのに必要な境界線を設けるのに、他の人の承認や許可など必要ありません。唯一必要なのは、自分の安全を確保しなければと訴える自分の心に耳を傾けることです。

自分自身の生き方に関わることなら、他人よりも自分の声を聞くようにしましょう。簡単ではありませんが、あなたに必要な境界線を設けるとき誰かに許可を求める癖をなくすには有意義な練習です。許可はあなた自身が与えればいいのです。あなたが生きるのは他の誰でもない、あなた自身の人生なのですから。

幸せのヒント

あなたの疑念より、境界線の持つ力のほうが強いのです。

家族は、あなたが自分たちに対して境界線を設けるのを快く思わないでしょう。自分たちの望むやり方が通らないのは我慢ならないはずです。なぜなら、彼らが気にするのは自分たちから見たあなたとの関係性であって、あなたから見た彼らとの関係性には興味がないのですから。ですが、今こそ、あなたにとって何が許容できて何が許容できないのか、自分自身のために決断をするときです。

## 許容の限界を決める

境界線を引くことの一番のメリットは、他人の領分が終わり自分の領分が始まる線を決められることです。自分と他人をはっきりと分けることができれば、誰かがあなたの個人的または心理的なスペースの中にある神聖なものを不当に侵したときに、本能的にそれがわかるでしょう。あなたの神聖な領域を守るために境界線を引いておけば、それ以上傷ついたり、誤解が生まれたりするのを食い止められます。虐待者があなたの領域を侵食しているとしたら、あなたは本来負う必要のない責任を負っているということです。しかし、境界線は物事をきっぱりと白黒に分けるわけではありません。合理的な範囲内で、時には柔軟性も必要です。境界線を設ける際に、自分の許容度を考えるためのヒントをいくつか紹介します。

**○自分にとっての限界を決めよう。**

何を許容して何を許容しないかを決める必要があります。

**○自分の中の怒りの感情に注意を向けよう。**

誰かが自分勝手な期待や視点、要求や価値観などをあなたの同意や関心を得ないまま押しつけてきたとき、怒りが湧き、それに気づくことができるでしょう。

**○率直に伝える、または沈黙を守ろう。**

境界線の引き方には2つの方法があります。1つ目は、あなたの境界線を跨《また》いで侵入してくる人には、不快に思う気持ちを率直に伝えましょう。これは、互いに対等で意見を言い合える関係性の中で、最もうまくいく方法です。毒のある人に対しては、2つ目の方法である沈黙を守ることが、大抵最も効果的です。なぜなら、毒のある人はあなたが何を言おうが何をしようが、あなたを責め立てるからです。

**○あなたには権利がある。**

許容度の境界線を設けたあと、一番の落とし穴になり得るのは恐怖と罪悪感です。あなたは大人ですから、正しいことのために立ち上がることができなければ、自分の人生を完全に取り戻し、舵取りをする日はやってきません。

○**自分の気持ちに耳を傾けよう。**

自分の気持ちに耳を傾ければ傾けるほど、そして自己認識力が発達すればするほど、正しい境界線を設けるための立ち位置をうまく定められるようになり、自分の人生にきちんと気を配れるようになるでしょう。

○**助言を求めよう。**

自分が誰かの言葉や行動に対して過剰に反応しているのかどうかわからないときや、自分が誤解をしているかもしれないと心配なときは、間違った境界線を設けてあとで後悔しないように、誰かに助言を求めましょう。

○**焦らない。**

境界線を引く行為は、芸術でもあり科学でもあります。あなたの要求と限界を家族にはっきりと伝えるという意味では戦略的な行為ですが、反発を最小限に抑えるために、伝え方を絶妙な加減で調整する必要があります。境界線を引く旅を始めるなら、最初は些細な境界線を引いて練習するといいでしょう。例えば、「悪いけど今週は忙しくて話せない」と伝えるなどです。小さな成功を積み重ねていくうちに自信がつき、例えば「私を不当に扱ったら、あなたの周りから姿を消す」というような、より踏み込んだ制限を設けることができるようになるでしょう。

自分の人生を無防備なままにしていたら、偏執的なまでの猜疑心、孤独、恐れを抱えながら生きていくことになるでしょう。本当のあなたより、悲劇的なまでに矮小な自分として生きていくのです。境界線は、人生を精一杯生きるための心の筋肉を与えてくれます。境界線を必要としたり欲したりする気持ちを持つことに罪悪感を覚えるのなら、その気持ちを克服しなければなりません。

幸せのヒント

他の人からあなたの人生にもたらされる問題は、
あなたの問題ではありません。

## 絶縁後のルール

縁を切ったあとは、何に代えても絶対に自分を一番に考えてください。家族から電話やメール、手紙、贈り物、グリーティングカードなど、何かしらの連絡を受けても、返事をしてはいけません。何か緊急の用事があるときは、他の誰かを通して連絡をとろうとしてくるはずです（これについては、あとで詳しく話します）。その場合は電話に出て、あなたが家族との間に引いた境界線についてその人に伝えましょう。心配してくれたことと、情報を教えてくれたことに感謝を伝えましょう。ですがそれだけです。あなたが一番優先しなければいけないのは自分を労ることで、絶縁後も誠実でいるべき相手は、自分と、本当に大切な人たちだけです。

## 歪んだ理不尽にがんじがらめになっても

絶縁するしかなかった、という思いを他の人に説明しようとすると、話は複雑になってきます。こんなときこそ自分の心に深く踏み込んで、自分自身のために正しい決断をしたのだと信じる必要があります。たとえ他人が、あなたは全くもって間違っていると言って見当違いな考えを押しつけてきたとしてもです。

正常に機能していないあなたの家族を他人が直すことなど不可能です。しかし、絶縁後は毒家族というものをよく知りもしないのに、あなたの家族関係を修復しようとする人たちが現れるでしょう。あなたが自分の引いた境界線に忠実でいようとすればするほど、そういった人たちは余計に首を突っ込んできます。そして、彼らは家族ではなくあなたのほうが頑固で狭量な人間だと思い込み、価値観の押しつけが始まります。彼らは、あなたが家族との絆を取り戻しさえすれば、虐待は終わると愚かにも信じているのです。ですがそんなことをして何になるというのでしょう。また前と同じ状況に逆戻りするだけです。

理不尽はなすすべもなく勝手に連鎖し、あなたの感情と理性を確実に追い詰めるでしょう。あなたが絶縁という結論にたどりついたということは、それ以前にとっくに関係修復の努力をし、痛みに耐え、疑念への答えも出ているに決まっているのに、彼らはそこまで考えが及ばないのです。私は常々、こんな矛盾に疑問を禁じ得ません。親子、もしくは他の家族間で接触を禁じる境界線が設けられるとき、年下の人間は身勝手だと責められるのに、親や年長の家族が、敬意が足りないからと子供や年少の家族に対して境界線を設けると、そちらは親、あるいはおばやおじ、祖父母として正しいことをしていると褒められます。全くもって理不尽な話です。

絶縁後は「家族」の定義や、家族はどうあるべきかという一般的な価値観を押しつけられ、こうした偽善と戦うことになるかもしれません。そんなときにも動揺せずに自分の経験を信じ、混乱を脱せるように、押しつけられる偽善をよく見極める必要があります。

小休止

あなたの家族の偽善を思い出してみましょう。家族があなたには厳しく課すくせに、自分たちは守らないルールをすべて書き出してみてください。そのせいで、例えば関係が一方通行になるといった不都合が生じるなら、それも書き出してみましょう。

## 固定観念との戦い

社会に一般的に流布している家族についての固定観念は、境界線を必要とする人たちに甚大な被害をもたらしかねません。家族を大事にしない人になりたくない、あるいは周囲にそう見られたくないために、私たちの決断をそうそう支持できないのは理解できます。多くの人がこの話題に触れたがらず、そんな人たちの理解を得ようと思うと、無限に続くかのようなきつい上り坂の戦いを強いられます。それほどあからさまに否定されてでも、真っ向から戦いに挑み立ち続けようとする強い意志を見れば、あなたの家族が相当に害のある毒家族だったことがわかります。家族と一緒にいるより、周囲からとやかく言われるほうがまし、ということなのですから。しかしながら、それでも他人にはなぜか、それがなかなか伝わりません。「家族」の価値はそれほどまでに確固たるもので、そのせいで多くの人々が、自分を支配し搾取する家族の檻から抜け出せないのです。

結局のところ、行動には結果が伴います。人が世界に引き起こしたことは、それ相応の結果として返ってきます。クラウド氏とタウンゼント氏は『境界線（バウンダリーズ）』[6]の中で、もしあなたの家族が自分の蒔《ま》いた種を刈り取らずに無視するなら、その報いを受けることになるだろうと説いています。因果応報、他者を故意に害する人は必ず厳しいしっぺ返しを食らうのです。当然受けるべき報いから、本人をかばったり救おうとしたりしても無駄です。あなたを精神的に虐げ支配してきた家族は、自らの行いに見合う、当然の報いを受ける道を自らの足で突き進んだのです。あなたを不当に扱ったことに対する当然の報いとは何でしょう。それは、あなたとの関係を失うことです。

家族全員が、一人ひとりの違いを広い心で受け入れ、愛情深く互いへの尊敬を忘れない――そんな家族は、愛し合い尊重し合い、温かい心で境界線を認めて、それに伴う結果も受け入れてくれます。しかしあなたは、このような家族のもとに生まれ育ちませんでした。ですから、あなたを虐げる家族に当然の報いを受けさせることに罪悪感を持ってはいけません。あなたが赦《ゆる》してしまったら、彼らは自らを省みる機会を失うのです。

## 家族としての肩書を取り上げる

きっと役に立つと思うので、私自身が設けた最も強力な境界線の1つについて話します。
それは、大人になった私にとって毒家族はただの人であって、私をどうこうできる権力者ではないと理解することでした。子供のときは、親やその他年上の家族（兄や姉、おじ、おば、祖父母、いとこなど）の誰かが、いつも一番力を持っていました。子供にとってはその人がすべてなのです。でもその力は、必ずしもその人が自ら得たものではありません。単に体が大きかったり、年上だったり、自分の手で生計を立てていたりするというだけのことかもしれません。それでも子供はその人に従い、言われるがまま行動しなければなりません。そしてその人の真似をします。その人に愛され、認められ、支持され、導かれ、時間を割かれ、注目されたいと願います。文句を言わず、大人しくしていなくてはなりません。疑問を口にしたり、反抗したりしてもいけません。何でもその人の言う通りにします。その人を喜ばせ、誇らしく思ってもらうためなら、全力で正しい行動を披露して期待に応えようとします。

　ですが、そんなことは同じ屋根の下で生活している時にしか意味を成しません。私は、自分の兄弟、母、父をもう家族と見なさないと決めた日のことを一生忘れないでしょう。長いこと彼らからの虐待に耐え続けた末に、彼らの残酷さを目の当たりにした決定的な出来事があり、私は確信しました。彼らは私にとってただの人であり、それ以上の何者でもないのだと。人に「母」「父」「姉・妹」「兄・弟」などの肩書を与えてしまうと、それだけで彼らは重要な存在になり、優位に立って、あなたの人生において力を持ってしまいます。あなたが生まれたときは、すでに彼らはそれらの肩書を手にしていて、彼らを敬う以外にあなたに選択肢はありませんでした。ですが大人になれば、たとえ法的に絶縁することは叶わなくとも、感情の面では心理的に絶縁することができます。私が大人になってから、家族にこれでもかというほどひどい仕打ちを受けたとき、私は彼らを「父」や「母」といった関係性を表す名称で呼ぶのをやめました。それからというもの、彼らのことはそれぞれの名前で呼んでいます。これが驚くほど、私にとっても、私のクライエントたちにとっても、精神的に絶大な効果を発揮しています。

**幸せのヒント**

家族という肩書を与えるにふさわしくない家族なら、そんな肩書は取り上げてしまいましょう。

この単純な境界線のおかげで、あなたの家族はただの人であることを思い出せるようになるでしょう。彼らをありのままの人間として見ることができるようになります。彼らが、かつて手にしていた肩書を虐待と支配によって自ら蔑ろにし、もはやあなたにとって家族でも導いてくれる者でもなくなったのなら、そんな肩書は剝奪してしまうべきです。『ハリー・ポッター』シリーズで、ダンブルドアはこんな思慮深いことを言っています。「ハリー、ヴォルデモートと呼ぶのじゃ。ものは常に適切な名で呼ばなければならん。名を恐れてしまっては、ものそのものへの恐れも大きくなってしまう」。

## 山頂へ続く新しい道

精神的につらい状況にある人たちは大抵、勇気を出して行動するよりも、辛いことを避ける道を選びます。私も何年もの間そうしてきました。ですが、私たちは衝突を避けたいという誘惑を乗り越えて、新しい道を切り開くべきなのです。そうすればいつか美しい山頂にたどりつき、初めて目にする可能性という景色が目の前に広がるでしょう。本心からこの山頂にたどりつきたいと願うなら、自分の心に聞いてください。虐待から解放される道から逃げ続けていて、その場所にたどりつけるだろうかと。答えは「ノー」です。健全で幸せな人生を望むなら、いつかは自分のために正しいことをしなければなりません。

衝突を恐れるあまり現実から目をそらし、びくびくと人の顔色を窺いながら生きていく必要はありません。自分をめちゃくちゃにしてきた人たちや環境に縛りつけられているのは、その恐れのせいです。今まであたり前だったことを変えるのは、とてつもなく勇気がいることです。そして同じくらい、自分を尊重する気持ちも必要です。これまで固く信じてきた「家族がすべて」という考えに逆らうときは尚更です。確かに、家族がすべてという人もいますが、すべての人にそれが当てはまるわけではありません。健全な家族との絆を大切にする人たちが世間的に称賛されるのと同じように、毒家族と決別する決断をした人たちも称賛されるべきなのです。

**幸せのヒント**

他人があなたやあなたの行動をどう思うかはその人の自由ですが、あなたの決断や行動について指図する権利は誰にもありません。あなたの決断はあなただけのものです。

**小休止**

他人にどう思われるかを気にしなくなったら、自分の中にどんな力が湧き起こってくるか想像してみましょう。自衛のためにどんな行動をしたら力が湧いてくるか、思いついたものを書き出してみてください。

あなたは自分を強く持つ必要があります。破壊的な家庭において諍いは、「目には目を、歯には歯を」の精神で対処されます。ですから、嫌なことが起こると家族は報復を目論みます。ほとんどの場合、初めは毒家族のほうからあなたとの関わりを切ってきます。彼らは虐待や支配に屈服しないあなたを捨てようとするでしょう。ここであなたが、彼らのせいで損なわれた関係性について責任を肩代わりするつもりはないと、立ち上がって自分を尊重する決断さえできれば、関係は絶たれたままになります。あなたは沈黙を貫いてください。あなたの沈黙を受けて、家族にはまだ選択の余地があります。関係の修復を選ぶこともできますが、精神的虐待を行う人たちは大抵、修復よりも報復を選びます。それにどう対処するべきかは、もう少しあとの章で説明しますので、今は境界線の素晴らしさを存分に感じてください。境界線を設ければ、他人に信じてもらえるか、理解してもらえるかなんて、どうでもよくなります。重要なのは、勇気と精神的な強さを持ち、あなたを害する人たちから自衛するために行動を起こし続けることです。

# 第4章 悲しむことは前に進むこと

毒家族から虐待や支配を受け、健全で確固たる境界線を設ける必要に迫られた人は、きっと凄まじい痛みを感じているでしょう。ほとんどの人からしたら想像もつかないほど苦しく、胸が張り裂けそうなほど辛い思いをします。それほどの苦痛を感じるのは当然のことです。

あなたは人生において本来必要不可欠なものを失いつつあるのです。普通は心の健康と安全を守るために仕方なく絶縁するのであって、血の繋がった家族と喜んで絶縁する人などめったにいません。それでも今のあなたは、正しく境界線を引けば、より大きな可能性が目の前に広がり、人生を幸せに導けると知っています。

残念ながら、あなたの決断を理解してくれる人はあまりいないでしょう。あなたの悲しみに同情してくれる人もごくわずかでしょう。中には、必要もないのに自分から絶縁しておいて傷つくのはおかしいと、悪気なく責めてくる人もいます。そんな勝手な価値観の押しつけは、無知から来るものです。あなたがこれまでどんな人生を生き抜いてきたのか、彼らは知る由《よし》もないのです。

周りの賛同を得られない、あるいは悲しむのを許されないという気持ちは、怒りや拒絶となってあなたの中に深く根を張り、健康と幸福感を削り崩していきます。自分の置かれた状況を悲しんだり哀れんだりする許可を得られないと、深く傷つき、孤独を感じるでしょう。毒家族と衝突するときの苦痛は、周りからは計り知れません。健全な家庭なら、家族同士ぶつかっても相手への情けと礼儀を忘れず、譲歩もするでしょう。嫌なことが起こっても、まずは互いの気持ちを第一に考えます。共に悲しみ、繋がろう、互いを理解しよう、気持ちを通わせようとします。決して報復を目論んだりはしません。互いにとって安全に歩み寄れる、共通の地点を探し続けます。あなたの家族は、きっとそんなふうに歩み寄ってくれなかったでしょう。ですからあなたには、家族が見せた残酷な現実を悲しむ権利があります。

幸せのヒント

回復は悲しむところから始まります。

毒家族をしっかりと境界線の外に追い出して初めて、立ち直るための一歩を踏み出せます。そして絶縁することで、攻撃的な家族の影響下にないときのあなたが本当はどんな人間なのか、ついに知ることができるでしょう。嘆くときは、目的を持って嘆くとよいでしょう。自分を愛し、自分と肯定的な繋がりを持つことを意識してみてください。

## 自分の気持ちに正直になる

あなたが必要としていた、本来得るべきだった愛を家族は与えてくれませんでした。それを悲しみ、気持ちを整理するのはあなたの当然の権利です。本来あなたは、家族の人生とこの世界の両方にとって価値ある重要な存在です。それなのに嘘をつき、あなたを貶めた家族に、あなたは怒りと悔しさを感じてしかるべきなのです。

悲しみや怒り、失望などの感情を出したとき、周囲から月並みな、あるいは批判的、無関心、不誠実な反応が返ってきたならば、それはあなたが人生の先輩や仲間の、庇護や愛情や導きを得られなかったということです。そのためあなたは混乱と惨めさと苛立ちの中に取り残され、湧き上がってくる正直な感情をどう処理したらいいかもわからずにいたことでしょう。次のようなタイプの虐待を受けていたならほぼ確実に、自分を見失ってしまいます。

○家の中で、過剰に非難されたり精神的ダメージを負わされたりします。虐待を嘆いても家族に一蹴され、家の外ではあなたが「完全におかしい」ことにされます。それによってあなた自身の中に自己疑念、混乱、恥、自己嫌悪が深く根づいてしまいます。

○悲しいことに毒家族と一緒にいると、家族のことを「ひどい人たち」だと思ってしまう（その通りなのですが）自分を罰し、やがて自分の悲しみを押し込めるようになってしまいます。

○成長する過程で、誰かと心が通じ合ったり、一緒に悲しんだりする経験ができません。個人的に悲しみに浸ることも許されません。家族は感情を共有する意識に欠けていて、心の支えが必要なときも、あなたの気持ちを受け止めてくれる優しい存在になってはくれません。

○あなたに対する謝罪や、互いに歩み寄ろうとする努力は一切見られません。家族の中で除け者にされ、愛されていないという気持ちは放置されます。

家族を満足させるために、彼らに対する不満の一切を抑圧せざるを得ない状況に置かれては、誰しも正気を保つことなど不可能に近いと言えるでしょう。ましてそんな状況下で本当の自分を客観的に見ることなどできません。傷を癒やすためには、自分の感じたい感情、感じるべき感情すべてに正直になりましょう。

## 健全に悲しみを乗り越える方法

悲しみを乗り越えるための、実践的な方法をいくつか紹介します。

1. 家族があなたの人間性を蔑ろにし、虐げたことを認め、嘆きましょう。彼らが行ったひどい行為を書き出し、人として本来あたり前に得られるはずの賛同や同情を得られなかったのであれば、それも認識しましょう。記憶を呼び覚ましたいときは「ちくしょうリスト」を作るのをお勧めします。私のクライエントにもよくこれを勧めています。まずは「ちくしょう、よくも……」で文章を始めて、そのまま怒りや苛立ち、苦痛に満ちた記憶を書き綴りましょう。これをすると、被害者のような気持ちから、徐々にごみをぶちまけるような気持ちになっていきます。責任の所在を正しいところに戻すのです。また、今まで力があるように見えていただけの家族に長いこと屈服し、受動的になっていた自分自身に対して、怒りを感じるかもしれません。そうなれば、さらに成長の余地が見えてきたということです。

2. どこかのグループに帰属していたいがために、あなたを虐げる人間関係を追いかけたり、説得したり、庇《かば》ったり、言い訳したり、しがみついたりするのはやめましょう。

誰かに赦《ゆる》されたいという強い気持ちは誰しもが持っているものです。しかしその気持ちは注意深く制御しなければなりません。でないと、虐待をやめてほしいと訴え続ければ、いつかそのうち家族のほうが折れて、望み通りあなたの言い分を認めてくれるんじゃないかと思い込んでしまうこともあります。しかしそんなことはあり得ません。彼らは反論し、否定し、責任転嫁し、あなたを悪者扱いするでしょう。ではどうすればいいのでしょうか。赦されなければ、という強迫観念から解放されることです。もしその強迫観念がまた湧いてきたら、それを認めた上で、発散しましょう。外に出て庭いじりをしたり、ハイキングをしたり、走ったり、自分の衝動をメモに書き留めてセラピストや信頼のおける友人に話したり、神に祈ったり、宇宙に解き放ったりしてみてもいいでしょう。家族にされたひどい仕打ちのことばかり考えてしまって頭から離れないときは、自分と自分の人生について考えるほうに意識とエネルギーと集中力を向けてみましょう。

3. 人間関係を失うのは、自分に足りないものがあるからだという思い込みを捨ててください。それには、セルフトークのトレーニングで自分と会話しましょう。忘れないよう自分に言い聞かせてください。同じ家族だからといって、誰しもが正直で誠実だとは限りません。彼らがあなたを不当に扱うのは、あなたの資質とは関係なく、彼らのほうに問題があるからです。これらの真実を何度も思い出すうちに、いずれあなたにとって信頼できる真実となるでしょう。

4. 自分が傷つくこと、恥に思うことを知りましょう。自分の中の自己疑念と、自分にダメ出しをする脳内の自分と向き合いましょう。自分の感情を見ないふりをすることはできません。そうできたらどんなにいいか、と思っている人は多いでしょう。人間の感情はそもそも通り過ぎていくエネルギーです。どこからかやってきては、去っていくものです。感情がやってきたとき、行動を起こさずに感じるだけに留める訓練をすることはできます。そうして自分を律せるようになったら、感情を制御する達人になれるでしょう。すべての感情を表に出す必要はありません。生の感情そのままに反応しても、生産的なことは1つもありません。大抵は自分を恥じ、無力感に襲われます。ですから、自分のことをもっとゆっくりと、深く知っていきましょう。自分を制御できるようになれば、毒家族にこれ以上傷つけられることもなくなります。

5. 涙を流し、泣き声を上げ、嘆き、じたばたし、叫び、痛みを感じ、そして自分を強く抱き締めてあげましょう。1つ前のアドバイスと矛盾するようにも聞こえますが、心が折れてしまっているときは、感情をすべて吐き出したほうがいいこともあります。

ただし、1人のときにしましょう。恥も外聞もなく泣き叫び、悪態をつき、激怒し、癇癪《かんしゃく》を起こし、すすり泣き、恐怖を感じ、痛みにもがき苦しんでいいのです。それは至って健全なことです。悲しむことで、人は鬱積したマイナス感情と非生産的なエネルギーを解放できるのです。守りに入ろうとする気持ちに阻まれてうまく悲しむことができないときは、その心の壁を壊す方法を試してみてください。1つは、レイジルームを利用することです。レイジルームとは、用意されているあらゆるものを使って、緩衝材の入った壁やサンドバッグなどを殴りつけることのできる部屋です。他には、宛先のない手紙に気持ちを書き出したり、あなたを傷つけた家族との会話を想像したりするなどの方法もあります。どのような手法でも構いませんが、あなたは確実によい方向へと変われるでしょう。このプロセスの一番の肝は、悲しみを受け止めることで、家族ではなく自分自身が自分の味方になってあげられるという点です。

6. 自分自身の選択ではなく家族の支配的な洗脳から生まれた声を聞き分け、排除しましょう。脳内にはこれまで吹き込まれてきたあなたについての嘘が流れているかもしれませんが、それらは悲しみと向き合う過程で力を失っていきます。例えば、家族から受けた罵《ののし》りが頭から離れないときは、そんな嘘とは違って的確な、あなた自身や他の人が知っているあなたのいいところを言い表す言葉で上書きしましょう。不安になったり自信がなかったりするときに、それらの的確でポジティブな言葉を思い出すと、再び力が湧いてくるでしょう。

7. 悲しみのもとにある痛みに、十分な時間と意識と愛情を費やして耳を傾けましょう。悲しみと向き合うプロセスをできるだけ早く済ませてしまいたいと思うのは自然なことです。悲しむのは辛いことですから。ですが、慌てて済ませてしまうと中途半端なやっつけ仕事になってしまい、結局何度も悲しむ羽目になります。悲しくて、怒っていて、うんざりしていて、むかついているのなら、そのままの感情を受け入れましょう。じっくりと感じてください。激しい感情が押し寄せては去っていきますが、去ってもらうにはまず寄ってもらう必要があります。時間をかけて心を開き、語りかけてくる感情に耳を傾け、教訓を得て、そしてその感情が通り過ぎていくのを見送ってください。

8. 自分はどうせ駄目だという負け犬的な考え方をしないようにしましょう。恐怖や誇大妄想、不安のせいで、何をしても結果は決まっているというネガティブな思考パターンに陥ってしまうのは、毒家族に影響された人にありがちです。恐怖のせいで植えつけられたネガティブな思考を変えるには、自分自身に対して優しく、忍耐強く話しかけることから始めましょう。ひとまず、あなたの恐怖をもとに、考え得る最悪のシナリオを想像してみてください。できる限り詳細に想像しましょう。次に、同じように詳細に、あなたが考え得る最高のシナリオを想像してみてください。最悪のシナリオを脳内で細かく展開させようとすると、だんだんと説得力が失われていくのがわかると思います。悪い想像は感情の揺さぶりで生まれ、感情は押し寄せては去っていくものだからです。あなたの想像する最悪の展開が合理的でないと認識できれば、それだけ脳内の最高の展開は洗練されていき、それを実現させるために取るべき行動もわかるようになります。

9. 自分の子を愛するかのように自分自身のことを愛しましょう。悲しみと向き合うプロセスにおいて最も重要なのは、自分の子やペットに精神的に寄り添うのと同じように、自分に対しても寛容な心で寄り添うことです。全身全霊で自分を愛してください。優しく、忍耐強く接してあげてください。励ましてください。立ち直ろうと頑張っている自分を尊敬してください。あなたが欲している時間、愛情、休息、注目を自分自身に与えてください。どれもあなたに必要で、与えられて当然のものです。

悲しみに向き合うプロセスは一生続いていきますが、その中で成長していくうちに、決して晴れることはないと思っていた絶望の雲間から光が差し込んでいることに気づくでしょう。間もなく、失意よりも希望を感じるようになるはずです。そして希望を持てるようになれば、自然と人生が明るく見えるようになります。

次は、悲しみと向き合う旅路の中で、生きがいに感じられそうなものを思い浮かべていきましょう。

幸せのヒント

悲しむことで、魂はあるべき状態に回復し、感情が悪い方向に引きずられる癖がなくなり、自分や自分の人生、人間関係などを新しい視点で見ることができるようになります。

## 悲しむことで前へ進める

あなたを傷つけ痛めつけた家族を置いて前へ進むためには、これからずっと自分の悲しみと向き合い続けなければなりません。悲しむことで、すべての人間関係を健全な形で終わらせることはできないという事実を受け入れられるようになります。それでも、自分自身のために関係を終わらせることはできます。絶縁したときではなく、あなたが終わらせたときこそが関係の幕引きです。ひとたび絶縁の決意を固めたら、家族から受ける虐待と支配に後押しされて、強引にでも新しい生き方を受け入れられるでしょう。新しい生き方とは、破壊的な毒家族と彼らの悪影響をあなたの人生から完全にシャットアウトすることです。そうすれば、悲しみのあとに次のようないい影響が現れるでしょう。

○あなたを引き止めていた家族の抑圧から解放され、可能性に満ちた世界に生きられます。
○あなたにとって素晴らしい出来事がいつも起こっていると気づけるでしょう。そして人生や人間関係に、達成感や充足感を感じられるようになります。
○自分の境界線を管理できるようになります。自分のためにならない人間関係から解放され、思い通りに事が運ばないときに他人を責める必要がなくなります。
○勇敢に謙虚に、同時に強い輝きを放ちながら毎日を生きられるようになります。

○生きることが楽しくなります。

○豊かな人生を送るための基本として自分を愛せるようになったことで、あなたを愛し支えてくれるような、強い絆で結ばれたコミュニティーを見つけて発展させられます。

○人生とは素晴らしい授《さず》かりものだと気づけます。

悲しみと向き合うことで、中には人を傷つけても絶対に謝らない人がいるという事実を呑み込めるようになります。謝れないのではありません。謝らないのです。受け入れがたいことかもしれませんが、家族はプライドを捨ててあなたとの関係を修復するためにやるべきことをしようとはしませんし、そのためのEQ（心の知能指数）も持ち合わせていません。彼らは謝罪を恥ずべきことと考えています。彼らにとって謝罪は、関係修復という名の勝利ではなく、敗北を意味するのです。

幸せのヒント

心にどれほど大きな穴が開いていようと、
純粋な心を持っていれば必ず最後に勝利をつかめます。

家族について嘆くのは必要なことです。自分自身を教育し、失ったものを嘆くうちにあなたは強くなれます。家族を失うことで心に穴は開きますし、ときどき、特に他人との交流の中でその穴を思い出すこともあるでしょう。この先も心に開いた穴を感じ、悲しみ、癒やし続けていくことになるという心づもりでいてください。

そうしているうちにあなたは様々なことを知っていき、どんなに家族の変化を願おうとも、精神的に未熟な家族を変えることなどできないのだと学ぶでしょう。それを理解することであなたは自由になり、前へ進んで自分の人生を優先できるようになります。自己理解が進み始め、境界線が引かれ、前へ進みたいという思いがあれば、自分を愛し労る旅を続けていけるでしょう。その旅路で、あなたが長いこと切望してきた健全な人間関係も手に入るでしょう。

人との健全な絆は、あなたが手にしてしかるべきものです。人は交流なしに成長できるような生き物ではありません。ですが、家族との決別が交流の喪失を意味するのもまた事実です。この喪失については次の章でお話しします。

第5章

# 周囲の評価をはねのける

自己防衛のためにどれほどしっかり境界線を引いたところで、それだけであなたの心にあいた穴が消えるわけではないのだと、そろそろ気づき始めた頃でしょう。その穴を埋めてくれる家族はいません。そして接触不可の境界線を引いたことで、永遠に彼らを失いました。あなたは喪失と自由を同時に手に入れたのです。自分の痛みを理解し、立ち直ろうとするプロセスは、誰かとの共同作業ではありません。どこまでも孤独な作業になるでしょう。受け入れてくれるはずの家族に拒絶される痛みによってぽっかりと大きくあいた穴を埋めるため、悲しみに向き合い続けることになります。接触不可の決断は家族からの虐待を減らす一方で、あなたの心をより深く抉《えぐ》るでしょう。悲しみに向き合うことで、徐々にこの相反する現実を受け入れられるようになっていきます。ただしどれほど時間が経とうと、その現実を受け入れるのは多少なりとも痛みを伴います。

幸せのヒント

**家族の喪失によって、**
**人生にぽっかりと穴があいたような気持ちになるのは免《まぬが》れません。**

この穴を、９・11アメリカ同時多発テロで破壊されたワールドトレードセンターにたとえて説明します。生まれながらの権利として、あなたには２棟の決して揺るがないタワーのように強い両親がいるはずでした。彼らは当然親として、あなたを含む家族全員を守り、安心させ、公正に接するはずでした。ですが彼らはそれに背き、自ら混沌と悲劇と痛みを招いて家族を崩壊させたのです。

２棟のタワーがそびえ立っていた場所には、今はメモリアルがあります。何年もの間支配され、疎外され、歩み寄ろうとしてもまた打ちのめされるのを何度も繰り返すうちに、私たちはようやく、地獄の業火のように燃え盛る家族関係の中に身を置くより、空虚の中で涼やかな水音を聞いているほうがましだと思うようになるのです。

メモリアルを訪れたとき、犠牲者たちを追悼する空虚な噴水を見下ろす人々を見ていて気づいたことがあります。ほとんど誰もが、そのあと見上げるのです。まるで、あの見事な巨大タワーが本当に消え去ってしまったという事実を確認するかのように。あのタワー崩壊はそれほどに信じがたく、何年経とうともそうそう受け入れられない事件でした。そして同じことが、すべての子供たちにも言えます。私たちの人生には、強く揺るがない、素晴らしい両親や家族がいてしかるべきだったのに、終《つい》ぞ与えられないまま無垢な心を失ったのです。

小休止

自分の人生にあいた穴を見つめ直してみましょう。それについて、個人的に、社会的に、そして感情的にどう思うか考えてみましょう。

陰口や支配、そして兄弟間、親子間、または他の家族との競争によって毒が回った家族関係は、いつか必ず内部から瓦解します。外からはきちんと機能している盤石な関係に見えても、実態は脆く、崩壊を待つのみということもあります。機能不全に陥った家族関係がとうとう瓦解したとき、あなたは裸で社会に放り出されることになるでしょう。それも、周囲に家族との絶縁が知られてしまう形で。その先の人生で、世間や周囲の人間から何かと口を挟まれ、そのたびに自分の決断に対する自信と心の平穏が揺らぐかもしれません。家族からの干渉と引き換えに、他人からの干渉を引き寄せてしまったかのようにも思えるでしょう。社会的に、あるいは個人的に一見理解不能な事柄に対して、干渉したくなるのが人間の性《さが》なのです。

そのような問題が起こったときに対処できるように、実体験を紹介します。他人からの干渉に対する心構えができていれば、それだけうまく立ち直れるでしょう。

幸せのヒント

毒家族と絶縁した人たちは、まるで依存症から回復した元中毒患者のように扱われ、その先もずっと、治ったのか確認され続けるでしょう。なかなか誰かに理解されている、または信頼されている気持ちにはなれません。

## 周囲の誤解

自由には代償がつきものです。自分の破滅的な毒家族についてオープンに話す人がめったにいないのに加え、ほとんどの人は、家族との繋がりを消し去りたいと願う気持ちなんて理解できないからです。あなたと初対面の人は、比較的健全で普通で成功しているあなたを見て、当然あなたが家族に愛されて育ってきただろうと思い込みます。ですが実際には全くそうではないと知ったとき、彼らはショックを受けるのです。

あなたが自分の経験を誰かに話すと、大抵の人は彼ら自身の経験を持ち出して、ほんの少しでも家族との繋がりを持っておくべきだと諭《さと》してくるでしょう。家族と連絡を取っておけば、後悔する羽目にならないと言います。つまり、彼らはあなたが家族に対して強固な境界線を引くのを根本的に間違いだと思っているのです。時にはセラピストの中にも、そういった助言をする人がいます。毒になる人の研究をしたことがあっても、実際にそれほど深いトラウマを体験したことはない人たちです。あなたの苦悩を一番に理解できるのは、心理学の専門家や研究者ではありません。絶縁から来る精神的ストレスと永続的な喪失感に別れを告げたいのなら、同じ苦しみを経験した仲間の話に耳を傾け、助言に従うべきです。

幸せのヒント

あなたの経験を最もよく理解できるのは、
同じ状況を生き抜いてきた仲間たちです。

たとえ悪意がなくとも、なかなか人に理解してもらえない状況は傷口を抉り、痛みを思い出させるでしょう。痛むだけでなく、イライラして落ち込むでしょう。絶縁の決断について頼んでもいない助言をもらったとき、次のような見当違いな言葉は一切無視してください。

○家族は故意にあなたを害そうとしたわけじゃない。
○家族は自分たちがあなたを傷つけていることに気づいていないだけ。
○さっさと家族を赦して、忘れたほうがいい。
○家族のことや彼らの行動をあなたはきちんと理解できていない。
○気にしすぎているだけ。

多くの人はこうした間違った思い込みや中身のない陳腐な助言をし、あなたの痛みや真実は見過ごされてしまいます。あなたが慎重に考えて出した決断を考え直させようと、彼らは反論してくるでしょう。ですが家族があなたに対して行うガスライティングは、彼らがするようなただの反論とは性質が違います。彼らはそれを知らずに無責任に口を出し、その結果あなたは自分の境遇を誰にも理解されないと感じて、とてつもない孤独の中に取り残されるでしょう。

小休止

あなたは自分の見ているものを信じますか、それとも誰かの意見に惑わされて自分を信じられなくなっていますか。答えを書いて、あなた以上に、あなたを虐げる者たちをよく知る人などいないということを思い出してください。誰に対しても、隠されてきた虐待を説明したり、あなたの決断を弁解したりする必要などないのです。

あなたの痛みがあっさり見過ごされると、残念ながらあなたはさらに人との関わりから遠ざかろうとするでしょう。自分の状況を話したところで理解されずに終わるのなら、話す意味などないと思うのは当然です。どうせあなたに何の関係もない、他人の経験からくるアドバイスを聞く羽目になるだけなのですから。そうなると、なかなか人を信頼し、親しくなりたいと思えなくなるのも仕方ありません。

世間の風潮のせいで人づき合いが難しくなることもあります。頭ごなしにあなたの話を否定し反発してくる人たちがいると、あなたの心の平穏は乱されるでしょう。ですから、あなたには交友関係を続けるにふさわしい人を選ぶ権利があるのです。私や私のクライエントたちは家族と絶縁後、相手が身内か他人かにかかわらず、その人とのつき合いが自分にとってプラスかマイナスか、前より正確に見極められるようになりました。これは恐ろしいことです。まるで自分の人間関係から否応なしに人が粛清されていくかのように感じるでしょう。粛清がすべて終わったとき、誰一人そばに残らないかもしれないと不安になります。このような気持ちになるのは至って普通です。家族との絶縁後、他の人とも関係が切れるのはよくあることです。

どれほどあなたの辛さを詳しく説明して証拠を示そうと、周囲の理解や共感を得られないこともあります。そうなるとまたしても心の傷口が開き、孤独を感じることになります。誰かに誤解されると、自分が普通ではないかのように感じてしまうでしょう。まるで異常なのは自分のほうで、周りから否定されているような気になるのです。誰からの理解も得られず、自分と他人との間に大きな溝があるように感じると余計に、毒家族のせいで満たされなかった根本的欲求がどこまでも深くあなたの中に根を張っていきます。このような気持ちに対処するには、次のことを自分自身に許してください。

○あなたが家族のことで下した決断について、誰かに最低限の事実以上のことを説明する必要はありません。
○あなたが立ち直るのに、自分の選択を誰かに認めてもらう必要はありません。
○あなたを愛する人が現れたら、たとえその人があなたの経験を完全には理解できなくとも、その愛情を受け取って大切にしてもいいのです。
○毒家族から自分の平穏を守るために難しい決断を下した自分を誇りに思ってください。

○あなたの決断を正当化するのに必要なのは、あなたが辛い経験をしてきたという事実だけで、他には何もいりません。

あなたやあなたの状況に同情する人は多くとも、共感できる人はそういません。この先何があろうと、誰に愛されようと、寂しさが完全に消えてなくなることはないでしょう。あなたの経験を本当の意味で理解できるのはあなた自身か、同じような経験をした仲間だけだからです。

## プライバシーの侵害

あなたが家族のことを隠しているのを察知して、好奇心から詮索しようとする人もいるでしょう。好奇心がそそられればそそられるほど、彼らは執拗に嗅ぎ回るでしょう。あなたが沈黙を守るか直接拒否することでその辺りの事情をいくら隠そうとしても、あなたをよく知らない人は余計に興味を持つだけです。

そんなふうに他人から詮索されることを恐れるのは普通のことです。他人にずかずか踏み込まれることで、あなたの弱い部分が浮き彫りになってしまうからです。誰かが個人的な事情に踏み込まれたくなさそうにしていたら、私は絶対にそれを尊重してきました。決して、相手が避けたがっている話題で問いただすような真似はしません。ですが、家族のことで傷を負っている人たちの周りには、相手が聞かれたくないのをわかっていても不躾に聞いてくる人が多いのです。そういった人は、相手の気持ちなど関係なく詮索してきます。悪意はないといっても、彼らの行動に傷つく人もいます。

彼らの不躾な行動には、過剰に干渉してくる毒家族と似たものがあり、そのせいで余計に癪《しゃく》に障るかもしれません。毒家族には、相手のプライバシーに対する配慮なんて微塵もありません。そんな人間たちに育てられた経験から、あなたは他人からの詮索に人より敏感になっているかもしれませんが、それは至って健全な反応です。

**幸せのヒント**

あなたには、自分の事情を隠す正当な権利があります。
あなたと同じ状況に身を置いたことのない人たちに何と言われようと、まともに取り合う必要はありません。

他人からの詮索を退け、余計な喪失感を思い出さずにいたいのなら、子供時代や家族の話題になったときは表面的な話だけをするといいでしょう。また、誰しも他人の話を聞くより自分の話をしたがるものです。あなたの話をする代わりに、相手に個人的なことや家族のことを尋ねて会話の中心を相手に移せば、簡単にあなたの事情から相手の意識をそらすことができます。会話の矛先を変えて平静を保ち、自分のプライバシーを守るのはそう難しいことではありません。もし相手が好奇心を抑えられず執拗に聞いてくるようなら、「別の話をしましょう」と言って軽くあしらいましょう。そのあとも解決しなければ、そのうち、「ありがとう、でも聞かないでくれると嬉しい」と伝える必要があるかもしれません。あなたの状況について、他の人の気持ちや意見に配慮する必要はありません。

## 人の集まりや催しで傷口が開く

休暇や結婚式、誕生会、記念日、家族の集まりなどは、あなたの傷口を開き、心にあいた穴を思い出すきっかけになるかもしれません。あなた自身の家族に限らず、友人や恋人の家族が引き金になることもあります。家族から虐待を受けたことのある人にとって家族が集まるようなイベントは、家族がほしいという自然な気持ちを思い出させるのです。

あなたが新しく得た友人や、その友人の家族や親戚や友人たちは、あなたのことをもっとよく知りたいと思っているはずです。残念ながら、彼らはあなたの家族についても聞きたがるでしょう。それも、あなたがそういった質問に対して最もデリケートになっている時期に限って、聞かれることが多いものです。そのせいで、休暇や大きな祝い事などで友人や恋人の家族に近づきたくないと思うようになるかもしれません。このような感情とは、何とか折り合いをつけられるようになるといいでしょう。新しい交友関係を築けば、相手があなたをよく知りたいと思うのは自然なことですし、大事な集まりで会話が広がるのは仕方のないことです。ほとんどの人は、あなたが傷つくとは知らずに家族を話題にしているのだということを心に留めておいてください。

**幸せのヒント**

あなたには、傷口が開いてこれ以上苦痛が増さないように、
自分を守る権利があります。

とは言え、そういった集まりで傷つかないよう、自分のために対策を練る必要はあります。私の場合は、母の日を娘と2人きりで過ごすことにしています。他の人や、誰かの母親と祝うことはしません。自分の母親、つまり娘の祖母について誰かに聞かれたくもなければ、

彼女のことを思い出したくもありません。永遠に続くかに思われた虐待、非難、支配などの裏切り行為も連鎖的に思い出してしまうからです。私は母の日には母親としての自分と女性としての自分を称《たた》え、娘との美しく固い絆を噛みしめ、娘が素晴らしい人間に育ってくれたことを喜びます。そうすることで、私は心にあいた穴を埋めることができるのです。

集まりやイベントに参加する上で、私の経験が参考になることを願っています。人と関わっていく以上、家族を失ったことで心に穴があき、傷つきやすくなっていることを自覚せずにはいられません。ですから、心の穴を埋める方法を新しく見つける必要があるのです。

小休止

人との交流や祝い事について、どんなふうに関わり方を変えればもっと自分を守れるか、考えて書き出してみましょう。

家族との絶縁後に新しい友人や恋人を作るようになって初めて、他の人は持っていて自分には足りない何かがあると気づくことになるでしょう。そして彼らとの違いに傷つきます。そうなったとき、毒家族のせいであいた心の穴は一層広がるだけです。

私のクライエントたちもこんな辛い事実に直面してきました。新しく関わりを持った人たちに、プライベートだろうと人前だろうと、「家族に愛される自分」を見せることはこの先一生できないのだと突きつけられるのです。新しい友人や恋人が彼らの家族に愛され尊重され可愛がられている様子を見ると、それだけであなたの中で友人や恋人の人としての価値が上がるでしょう。あなた自身、彼らをより一層素敵な人だと思うはずです。あなたの好きな人が誰かに愛されているのを見るたびに、あなたも彼らをもっと好きになります。何とも神秘的な現象です。

大切な人たちの交流を目の当たりにすると、自分は素敵な人を友人や恋人に選んだと、交友関係における自分の直感力に自信がつきます。ですがあなたのほうは、本来あなたを一番に愛し支えるべき家族に愛情を注がれている姿を、新しく絆を結んだ大切な人たちに見せることはできません。あなたが家族と内輪の冗談を言い合ったり、からかい合ったり、愛あるいじりや有意義な会話をしたりといった、本当の家族としかできないような掛け合いをするのを彼らが目にする日は一生来ないのです。愛ある絆によって生まれる、人生においての重要な交流を、あなただけでなく、あなたを気にかける人々も失ってしまうのです。

自分以外の人間で、一番に自分の存在を肯定してくれるのは家族です。ですがあなたにとっては、そうではありませんでした。ピースが欠けたまま生きていくのは辛いことですし、そのことに気づいたあなたの心の穴は一層大きくなるばかりです。この心の穴が、これからはあなたにとっての親のような存在になるでしょう。心の中で親が占めていた場所は空虚な穴に取って代わられます。ですが、この喪失感を抱えながら穏やかに生きていく方法はあるのです。周囲の人々との交流を深めることで、あなたは自分に欠けているピースがあることに気づくでしょう。そのとき、他の人と自分の違いを認めて嘆きながらも、立ち直るために得た新しいエネルギーでその空白を埋めていくことができます。誰かに、そんなのは大して辛いことでもないと言われるかもしれませんが、あなたの経験の真実はあなただけが知っています。あなたにとっての真実を手放さない方法を学んでいきましょう。

## あなたの痛みを軽んじる人々

あなたを理解してくれない人に、絶縁の痛みを取るに足らないと軽んじられることほど辛いことはありません。自分の意思とは関係なく、家族の話題に傷つくのは当然です。傷つかないわけがないのです。他人があなたの人生を外から見て、家族を失ったことやその喪失感が、日常的に取るに足らないことだと思い込むのは何ともおかしな話です。実際にはあなたがきちんと守りを固めているというだけのことなのに、彼らは勝手に、あなたがもうとっくに乗り越えているだろうと思い込むのです。結局のところ、彼らはこう思っています。家族との絶縁を望んだのはあなた自身だろう、と。

このように無神経で無知な態度をとる人たちは、あなたと同じような苦しい目にあったことがないのです。あなたは自分の決断について、この先ずっと頭の片隅で考え、折り合いをつけていかなければなりません。周囲の人はそれになかなか気づかず、無意識にあなたの痛みを軽んじるでしょう。また、家族がなおもあなたの人生に忍び寄ろうとするせいで、あなたが今も傷つき続けているという事実にも、なかなか気づいてはくれません。

人から「まだ乗り越えていないの？」と聞かれたり、「家族がそんなことをする人たちだというのは最初からわかっていたことでしょう」と言われるたびに、自分がおかしいのかと疑いたくなるのは自然なことです。あなたは子供の頃からずっと、自分を疑うように仕向けられてきたのですから。他人から同じように自己疑念を引き起こされるのは辛いことです。これまでの癖で、あなたの思考はいいことよりも悪いことに傾きがちです。ネガティブな考えは、ポジティブな考えよりもスペースを取り、処理するのが難しいので、脳の別の場所で処理されます。ですから、自分が毒家族と決別したのには正当な理由があったのだと、細かすぎるくらいに自分の中で理由を挙げつらね、自らの正義を強く持ってください。

そんなことをせずに済むのならどんなにいいでしょう。ですが誰にとっても、人間関係において家族の存在は無視できないほど大きいため、他人の言葉や態度に傷つくのはもはや避けられません。他人の意見や批判や無神経な言葉にいちいち狼狽《うろた》えずに済むように、対人関係における自分の感情の波を把握してうまく切り抜けましょう。そうして自分の内面を守るためには、私が「家族の看板」と呼んでいるものについて知っておきましょう。

## 家族の看板を捨てる

もしあなたが、家族とほんの少しでも繋がりを（たとえ糸1本分の細い繋がりでも）維持しているのなら、先述のような他人からの無遠慮な詮索に頭を悩ませる必要はありません。なぜならあなたは、「家族に属しています」と書かれた看板を（比喩的に）掲げて回っているからです。毒家族は、自分たちの看板が素晴らしく健全でまともに見えることにこだわります。内部に蔓延《はびこ》っている支配的な環境から人の目をそらすためです。あなたがまだ毒家族と繋がりを持っているのなら、彼らから精神的な拷問を受ける一方で、世間の目から身を守るための張りぼては持っているということです。そのような状況下では、偽りの笑みを顔に貼りつけ、嘘だらけの看板が本当であるかのように振る舞う必要があります。要するに、嘘をつき続けることが、あなたを世間から守る盾になるのです。ですが、そんなのは不健全に決まっています。

偽りの看板を掲げていたほうがまだ安心できるから、虐待者と離れずにいるという人もいるでしょう。世間一般から批判されるくらいなら、仮面をつけて生きるほうが楽だと思う気持ちももちろん理解できます。確かにそのほうが楽に生きられる場合もあるでしょう。ですが、人は本質的に嘘偽りのない本当の自分として生きたいと、正しいことをしたいと思うものだと私は信じています。健全な人間であれば、誠実に、正直に、嘘偽りのない生き方をしたいと思うはずです。
　絶縁し、家族の看板を失ったとき、あなた自身がそれを一切恥じていなくとも、他人に恥ずべきことだと非難される可能性はあります。ですが、あなたはその一歩を踏み出したことを誇っていいのです。たとえ偽りの看板を捨てたことで他人と足並みをそろえられず独りになったとしても、あなたは家族の支配と抑圧から解放されたのですから。同じサバイバーならきっとわかるはずです。破滅的な家族に虐げられながら偽りだらけの無意味な人生を送ることに比べたら、関わりの薄い他人から無遠慮な好奇心や無神経な言葉を向けられることなど、取るに足らないと。

幸せのヒント

意志あるところに、必ず道はあります。

## 圧力に屈しない

人は、異物に敏感です。それでも毒家族の精神的奴隷でいる以上は真っ当な人生を歩むことなどできないと割り切って、堂々と生きてください。私はラルフ・ワルド・エマーソンの「偉大であることは人に理解されないことだ」という言葉が好きです。あなたと同じ苦難を経験したことのない人に、あなたが必要に迫られて設けた境界線を受け入れてもらえないのは仕方のないことです。ですがその代わりあなたのほうも、彼らの勝手な言いがかりを受け入れる必要はありません。立ち直るためにはこのことを心に刻んでください。彼らの言いがかりを鵜呑みにするのは馬鹿げています。他人の評価に対抗するのは苦しいことですが、私は経験上、決して不可能ではないと知っています。

幸せのヒント

人に誤解される苦しみは、人に理解されることで乗り越えられるのではありません。どんなに劣勢でも1人で立ち向かう勇気を持つことで乗り越えられるのです。

ブレネー・ブラウン氏は、ドキュメンタリー映画『勇気を出して』[7]の中でこう説いています。我々は大きな文化の中で常に適合を強いられている。その圧力に立ち向かい、自分が信じるもののために戦わなければ、人生が満たされることはないのだと。あなたを支配しコントロールしようとする家族からの自立を高望みだと思ってやめるのは、あきらめているだけです。大きな文化に歯向かうのは、非常に勇気のいることだとブラウン氏は言います。

小休止

勇気を出して立ち向かったら、あなたの人生はどう変わるでしょうか。あなたにとって、勇気のいる行動とはどんなことでしょう。

毒家族と絶縁するのも、そんな勇気ある行動の1つです。満ち足りた人生を送るには、不確実なことや精神的なリスクから逃げないこと、生き方が変わっても本来の自分を見失わないこと、そして、自分ならそれらすべてを成し遂げられると信じることが必要です。人にどう思われようと、自分らしくあるための勇気を持ちたいと思えるようになればこそ、自尊心は育つのです。人からの評価や、社会的・道徳的に正しいとされていることに囚われすぎてはいけません。それよりも、あなた自身が清々しく生きられることのほうがずっと大切です。そう思えるようになることこそが、勇気ある一歩です。

## 強く生まれ変わる

なぜたわいないおしゃべりで、そう何度も家族のことが話題に上るのでしょうか。それは、自分がどういう人間かを話すとき、それほどまで家族の存在が大きいということです。あなたを含めすべての人が、何らかの家庭環境の中で生まれました。精神的な意味で、家族があなたという人間を作り、定義するのです。相手のことをよく知りたいと思ったら、その人がどんな家庭環境で育ったかを知りたがるのが普通です。確かに、家族を知れば、相手のことをもっとよく理解できるのは間違っていません。ですが忘れないでください。あなたは「サバイバー（生還者）」なのです。毒家族の虐待から生き残った、強く勇敢で、素晴らしい人間です。

偽りの看板を捨て、自分の手で選び取った人生を誇りに思えるようになったあなたが、勇気を持って人生を歩むことを決意したとき、本当の意味で生を感じるでしょう。そのうち周りの人たちにも自然と、自分らしく生きることの素晴らしさが伝播していきます。あなたが立ち直るのを見て、同じようにもがいている人たちも、もっと自分を優先して生きていいのだと思えるようになります。あなた自身が、彼らの希望になれるのです。否定的な人たちがいるときは尚更です。あなたが人生をやり直すために取った行動を非難する人は大勢いるでしょう。ただそれは、その人たちにとっては、あなたの生き方が合わないというだけのことです。

不当に評価されるのは辛いことですが、人に理解されないというのも悪いことばかりではありません。人生は多少の困難があったほうが面白みがありますし、成長する機会にもなります。何より、精神力を鍛えられます。何の努力もなしに人に理解され、ぬくぬくと無難な人生を送るというのも考えものです。他人からの批判は、絶対に乗り越えることのできる障害です。さあ、勇気を出してください！

私はこうも考えます。子供を産むのは大変なことです。ですが出産というのは、偉大なものを創造することでもあります。あなたの赤子が暗い胎内から出てこなかったら、その子が光を目にすることは一生ありません。これは壊れた家族との縁を切るときにも言えることです。絶縁によって、あなたは生まれ変わるのです。人に誤解された経験から、私は本を書く勇気を手に入れました。一サバイバーとして、そして絶縁後の旅路をよく知る専門家として、読者に自分の経験を伝えるべく筆をとる決断ができました。クライエントの治療目的で研究しているだけでなく、自分自身が今なおその旅路にあるからこそ、それが可能でした。

それでは、生まれ変わる勇気を持つ方法をアドバイスしていきます。

**○怖いと思う気持ちに向き合いましょう。**

あなたが見ないふりをしている気持ちこそ、一番直視しなければならない気持ちです。それらの気持ちを書き出したり、絵に描いたり、じっくり考えたり、信頼のおける友人やセラピストに話したりすることで向き合いましょう。自分の感情を映し出す鏡の役割を担ってくれる人や、吐き出す相手がいると消化しやすくなります。

**○感情をコントロールして、誇大しないようにしましょう。**

過剰に騒ぎ立てるのは、あなた自身の精神に決していい影響をもたらしません。強い感情に揺さぶられたとき、必要以上に感情的にならないよう自分を抑えるのは簡単ではありませんが、あなたが生まれ変わるための旅路において、大騒ぎすべきことは何もないのだということを忘れないでください。感情のコントロールが難しいときは、周りの人と少し距離を置きましょう。感情的なまま会話を続けるべきではありません。

**○恐れているものの正体を知りましょう。**

恐怖を感じたら、自分が何を恐れているのか見極めてください。それは本当に恐れるべきものなのか、現実に起こり得ることなのか、考えてみましょう。それから、恐怖を取り除く、もしくは問題を解決するためにどんな行動を取るべきかを考えます。

**○恐怖に立ち向かうときは、いい結果を想像しましょう。**

恐怖に身動きが取れなくなったら、悪い想像を反転させて、起こってほしいことを想像しましょう。その明るい想像が現実になるまで、何度も脳内で思い浮かべてください。

**○恐怖を完全に捻《ね》じ伏せられるという自信を持ちましょう。**

恐怖に押しつぶされそうになったら、その恐怖に打ち勝つ自分を想像しましょう。恐怖に立ち向かうときのあなたは、どんな気持ちでしょうか。追い詰められた状況を見事引っくり返したら、どんな気持ちになるでしょうか。想像さえできたら、きっとやり遂げられます。

**○一歩を踏み出して、恐怖に真正面から立ち向かいましょう。**

まずは頭の中で練習してみます。そして想像が現実になったら、脳内で練習してきたことを実際の行動に移すときです。脳内練習は、現実の練習に引けを取らないくらい役に立ちます。なぜなら脳内練習のおかげで、あなたは自分にどんなことができるのか、もうわかっているからです。恐怖があるからこそ、あなたは自分を助けるヒーローになれるのです。

### ○毎日少しずつ恐怖に立ち向かうことで、恐怖に慣れていきましょう。

恐怖に立ち向かうには、毎日の積み重ねが大切です。例えば、受けたくない誘いを断るなどの小さな恐怖に立ち向かえるようになったら、より大きな恐怖に立ち向かう自信がつき、毒になる人との間に境界線を引けるようになります。恐怖が一切ない人生を望んではいけません。恐怖なしに、人は成長できないのです。

あなたを虐げるような人に、神経を使ったり、尽くしたり、愛情を注いだりする必要はどこにもありません。相手が家族だろうと、交友関係のある他人だろうと、それは変わりません。あなたを虐げたり、不当に扱ったり、人前で貶《おとし》めたりした人のために尽くす義務などないのです。あなたの気持ちや境界線を無視し続けるような人なら尚更です。あなたを傷つけながら、あなたのためにやっているのだとのたまったとしても、情状酌量の余地はありません。どうか、世間という大きな社会に対しても堂々と境界線を設け、自分のために正しいと思うことをすると宣言してください。それが世間に受け入れられるかどうかは、どうでもいいのです。それよりもあなた自身が、それを当然の権利だと思えたとき、あなたは立ち直るための一歩を踏み出せるのです。

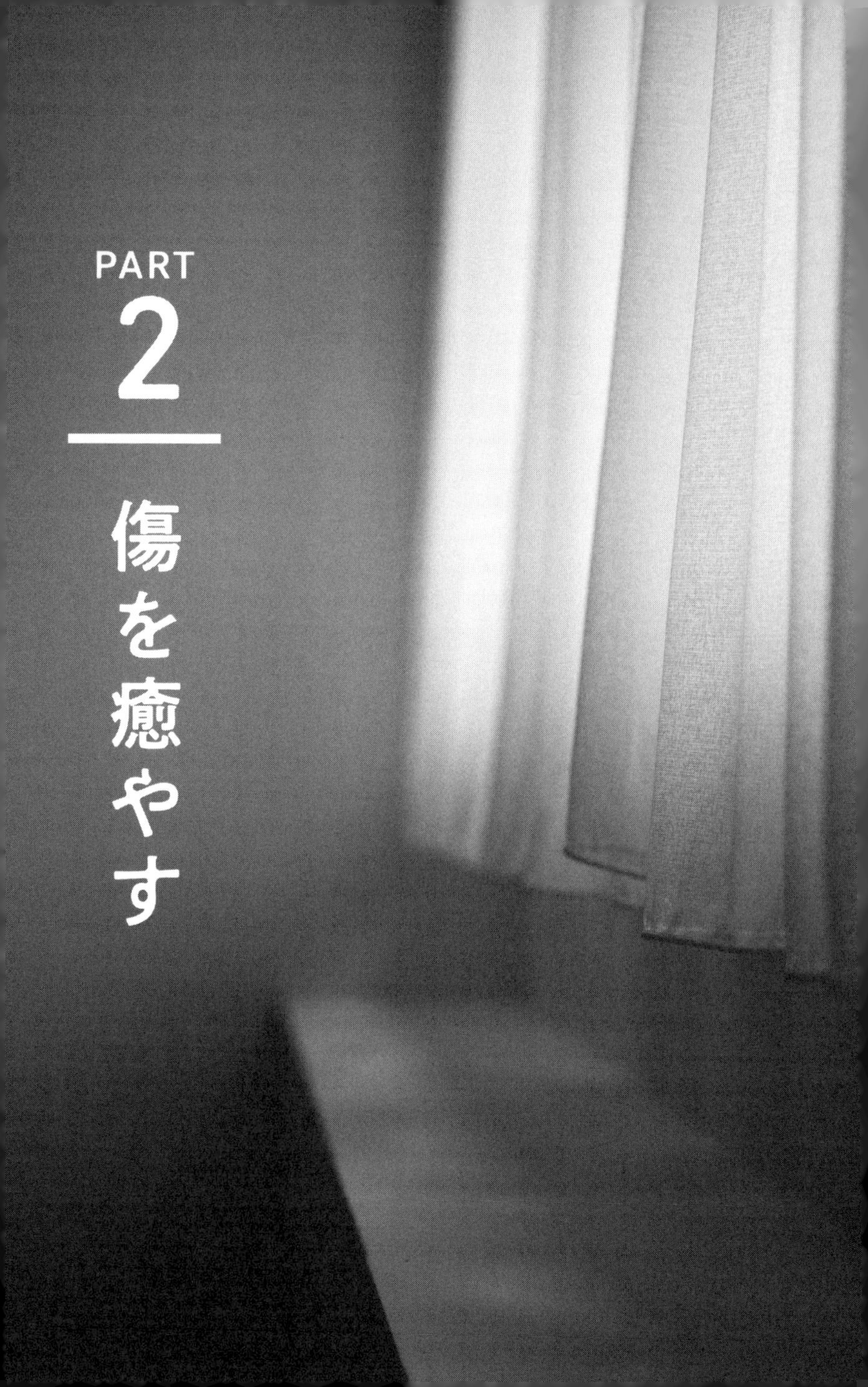

# PART 2 傷を癒やす

# 第6章 自尊心が失われる原因

家族の悪い影響下から脱すると、精神的な余裕ができ、家族のせいで「自分は出来損ないだ」という非生産的な考え方に深く侵されてきたことを自覚します。あなたは家族によって、一挙手一投足、行い、思考、感情に至るまで、自分のやることなすことすべてが間違っているのではないかと疑いを持つように仕向けられてきました。彼らの支配は、これまでも、そしてこれからもあなたを脅《おびや》かし続け、永遠に逃れられないのではないかという恐怖を植えつけます。

一見矛盾しているように聞こえるかもしれませんが、自分は誰かに愛し受け入れてもらえるような人間じゃない、という自己疑念は、立ち直ろうとする努力を無に帰《き》します。

何かしらの思考パターンをどうしても捨てられないとき、それは「症候群」と見なされます。毒家族に虐げられてきた人たちは、自己疑念から来る「出来損ない」症候群を患います。あたかも家族の膿《うみ》であるかのように責められながらも、問題を起こさず、他の人を満足させることだけに自分の存在価値を見出してきたがために、頑《かたく》なに自分に対する評価が低いのです。何も悪いことをしていなくともつい謝ってしまうのが癖になっているかもしれません。この先もずっと、愛する人たちに褒められたり、気に入られたりする人間にはなれないという思いを完全には拭い去れないでしょう。そしてそれは、自分が出来損ないだからだと思い込んでしまいます。

幸せのヒント

人に気に入られたくてへつらう人は、もともと家族にもそのような態度をとっていた可能性が高いでしょう。

子供ながらに、家族から愛情と安心感を得ようと行ったことが実を結ばないと、心の底から傷つきます。自分を愛してしかるべき人が愛してくれないのは、一体自分の何がいけないからだろうかと考え始めるでしょう。この傷はあなたの核に深く刻まれます。

## 心の核

家族と絶縁すると、魂に治ることのない傷がつきます。心の核が傷つくという意味です。心の核は、家族のような非常に近しい人のせいで辛い思いをしたときに傷を負います。あまりの辛さに、魂が傷つくのです。心の核の傷は、次のような感情となって表れます。

○自分は出来損ないだ。
○親や他の家族から愛される資格がない。
○自分は変で、馬鹿で、いらない人間で、お荷物で、孤独で、醜くて……（以下省略）。
○自分には悪いところが多すぎるか、いいところが少なすぎる。

具体的にどんな心の傷を負っているかはともかく、あなたの日々の行動は間違いなく心の傷の影響を受けています。

**小休止**

自分の心の核の傷を書き出してみましょう。それについてどう感じるか、そして日々の生活がどのように影響を受けているかを詳しく書いてください。そうすることで自分自身から一歩距離を取り、それらの心の傷は誰かから負わされたもので、あなた自身がどういう人間かは一切関係ないということに気づけるかもしれません。
自己疑念はあなたをがんじがらめにして、やりたいこと、感じたいこと、信じたいことからあなたを遠ざけます。そうなってしまっては、家族に依存し続けるしかありません。毒家族は、とにかく家族の輪から誰も逃がすまいとします。作為的に不安を煽ることで、逃げられないようにするのです。

子供は脳が未発達で影響を受けやすく、経験も乏しくて家族に頼るほかありません。そのため毒家族の影響を受けやすく、自己疑念や劣等感も簡単に植えつけられてしまいます。私自身、立ち直る過程で学んだことですが、毒家族内で悪し様《あ》に言われる子供の「素行の悪さ」というのは、十中八九、自分を不利な状況に追い込もうとする家族へのごく健全で自然な反応です。ですが残念ながら、子供がその事実に気づけるはずもありません。本来子供が健やかに生きられるように親が手間暇かけて愛情を注ぎ、世話をして絆を強めていくべきところを、毒家族は精神的に追い詰めようとします。あなたは強い不安感から、子供時代は愛情の代わりに恐怖を知り、理由もわからないまま強い劣等感を刻まれたのではないでしょうか。どのようにして今のあなたになったのか、原因を突き止めるのはとても大切なことです。

幸せのヒント

心の核に刻まれた傷を癒やすには、
自分自身への思いを変えていくところから始めましょう。

立ち直るためには、精神的虐待による刷り込みから解放される必要があります。このステップを飛ばしてしまっては、毒家族との関係を絶ったあともずっと、刷り込まれた偽りの自意識が心を縛り続け、不安に苛まれ続けるでしょう。自らを解放するには、心の核に傷をつけたトラウマを紐解かなければなりません。誰があなたを虐げ、どんな嘘をあなたに信じ込ませたのかをはっきりさせることで、自分自身の本当の姿を見つめ直せるようになるのです。

ほとんどの毒家族は、頂点に君臨する親に何らかの問題があります。毒のある人間関係はリーダーが初めに仕掛けるものです。必ずしもすべての毒親が毒親に育てられたというわけではありません。真っ当な親に育てられた人でも、依存症や精神障害、遺伝的要因など様々な理由で毒親になり果てる人はいます。ただしかなりの割合で、人を虐げ支配しようとする人は彼ら自身が毒親のもとで育っています。次のような家庭では、心の核への傷が世代を超えて引き継がれていきます。

○親が１人の子を他の子よりも贔屓《ひいき》し、不和が生まれる。
○子供たちを仲間割れさせることで安心感を抱かせないようにし、家族・親族に対する支配を維持する。
○親が子供を縛りつけ、自分の望む生き方を子供に押しつける。
○親が子供を過度にコントロールし、非難する。
○親が子供を虐待したり、放置したり、捨てたりして、子供に対する責任を負いたがらない。
○親が子供を競争相手と見なして嫉妬する。
○あらゆる物事について、親に対して恩を感じるよう仕向ける。境界線が引かれたあとも、子供自身の人生や孫に対して、親がありもしない権限を主張する（子供は自由に羽ばたかせるために育てるのであって、親の願望を叶えるために捕らえ続けてはいけません）。
○親が以上のことを部分的に、あるいはすべて行う。

これですべてではありませんが、このような仕打ちを受けてきた人たちは、子供時代を過ぎたあとも愛情というものがよくわからないまま、痛みを抱えています。ですから、あなたの育った環境と親のいびつな教育方針をよく知ることで、あなたがどのように歪められたかが見えてきます。自分に自信がなく、他の家族と不仲なことの原因も見えてくるでしょう。

あなたの心の成長は、その後の自尊心にも影響します。スーザン・フォワード氏は、著書『毒になる親[8] 一生苦しむ子供』の中でこのように言っています。子供の頃に家族につけられた心の傷は有毒な化学物質のように広がって精神を侵し、成長するにしたがって心の痛みも増していくと。子供の頃の経験がその後の人間関係や人格形成に重要であることを考えれば、その痛みと長期的な影響が問題だということがわかるはずです。エリク・エリクソンの心理社会的発達理論[9]は、あなたのいびつな自己疑念がいつ、どのように、なぜ形成されたのかを教えてくれます。その理論によって、心の傷がその後の人生に長く影響を与える仕組みと理由がわかるでしょう。私の経験では、人はいつ、どこで、どのように、なぜ傷がついたのかがわかると、それを知る前よりもしっかりと、回復への道を歩めるようになります。

## 自己疑念は生まれたときから植えつけられる

誕生から18カ月までを人生の最初のステージとします。人間はこの時期に親や養育者、そして自分を取り囲む世界が信頼できるか否かを判断します。彼らからムラなく一貫して誠実に世話をされることで、基本的欲求（食事を与えられる、清潔に保たれる、抱っこされる、あやされる、守られるなど）を叶えてもらえるという直感的な信頼が出来上がっていきます。

そして乳児期に信頼感が育まれると、同時に希望という美徳が発達します（エリクソンの言う「美徳」とは、昔からの神学的な「美徳」ではなく、人の美点のことです）。希望とは、たとえこの先困難が立ちはだかっても、きっと周りの人が支えてくれるだろうという考えに至れることです。

ところが、まともな世話を受けられないと、反対に不信感が植えつけられます。精神的にきちんと機能していない家庭では信頼感が育まれず、ゆえに希望という重要な美徳を獲得することもできません。希望が生まれないと、その場所には代わりに恐怖が根を下ろします。

人生の最初のステージで自己疑念の種が植えつけられる過程がよくわかったと思います。このステージでは、基本的かつ必要不可欠な欲求を得るには声を上げるしかありません。世話を求める泣き声が頻繁に無視されたら、声を上げても状況を変えることはできないと思うようになりますし、面倒だと苛立ちを露わに嫌々世話をされたら、安心してまともな世話を受けられる気がしないでしょう。このような、人生の最も繊細な時期に感じた漠然とした不信感が不安となって心に住みつき、その後も常に何かに怯え心配しながら生きていくことになるのです。

乳児期の記憶は残りませんが、物心つく前だからといって何も感じないというわけではありません。この時期をうまく切り抜けられたか、あるいは切り抜けられなかったかを示す簡単な証拠があるので、自分と照らし合わせてみましょう。

小休止

次の質問について考え、答えを書き出してみましょう。「はい」か「いいえ」だけでなく、これらの経験がその後の人生にどのような影響を与えたかを考えてみましょう。

○愛情や人間関係に、強い不信感を持っていますか？
○苦難の只中にいるとき、誰かに頼ろうと考えますか？　それとも自分の力で切り抜けなければいけないと感じますか？
○人生や人間関係において、恐怖や不安をやわらげるために気を回しすぎることはありますか？
○自分の言葉には、他の人に影響を与えるだけの力があると思いますか？
○基本的に希望を持ってポジティブな気持ちで生きていますか？　それとも恐怖を抱えていますか？

## 不安を伴う愛着

親があなたと心を通わそうとせず、しっかりと健全な絆を築いてこなかったのなら、あなたのほうも親に対する絆や愛着が育まれていない可能性が高いでしょう。幼少期に親（本当の親に育てられなかった場合は主たる養育者）とごく普通の、健全な繋がりを得られなかった人は、後々に機嫌や態度、人間関係などに問題が生じやすくなります。心理学的に、いわゆる愛着障害と呼ばれるものです。愛着障害は乳児期から始まり、成長するにつれて発展していきます。乳児期は、本来健全な愛着を育てるための信頼感を育む時期ですから、愛着障害がこの時期に始まるのも頷けます。これから様々な愛着スタイルについて説明していくので、自分がどのスタイルに当てはまるかじっくり考えてみてください。自分のタイプが判明すれば、今後大人として、健全な愛着を育む方法が見えてくるでしょう。

### ▼安定型

幸運にも子供と心を通わせようとする親に育てられたなら、しっかりと愛着を持ってエリクソンの言う人生の最初のステージを切り抜けられたことになります。安定した愛着スタイルを持てているのは、親から基本的欲求を叶えてもらったということです。その結果、自立した行動ができ、何かあったら信用のおける誰かが助けてくれるという考えを持てるようになります。ちなみに、たとえ片親に育てられたとしても、安定型の愛着スタイルを持つことはできます。シングルマザーやシングルファザーの子でも、安定型に属する人は大勢います。

安定型の子供は、成長するにつれて自然と自信をつけていきます。それは、障害にぶつかって極端に得たり失ったりするものではありません。もちろん、状況によって自信が高まったり弱まったりすることはありますが、基本的にはあらゆる状況や環境において一定の自信を持っています。一方で、自己陶酔的な親のもとで育った人たちはそうはいきません。

他に、不安定な愛着スタイルもいくつかあります。主なタイプを見ていきましょう。

### ▼無秩序型

無秩序型の愛情スタイルは、子供時代に何かしらの虐待を受けたことがある人によく見られます。例えば、壮絶な苦しみの中にいるときに手を差し伸べられることなく放置されたり、養育者に精神的、もしくは肉体的暴力を振るわれたり、脅迫されたり、いい子でいないと罰せられたりといった経験が該当します。このカテゴリーにおける養育者は、子供に対して愛情を向けるどころか苛立ちを向けます。子供は、養育者に捨てられるかもしれないと察し、自分がいらない子であるかのように感じます。

私の父は、典型的な二面性を持った人でした。私は子供の頃から今に至るまで、父がどんなときに機嫌がいいのか、そしていつカッとなって、精神的および肉体的に暴力を振るい始めるのかわかりませんでした。父のそばにいたときは、リラックスしていたことよりも怯えていたことのほうが断然多かったと記憶しています。父は私たち家族を叩いたり引っ張ったりしました。初めは楽しいじゃれ合い（くすぐりや相撲）も、度を越して辛いと思う域まで達しました。父はちょっとしたことで機嫌が急転直下し、憤ります。さらに、奇妙な自然療法を用いて私の体と思考と心を支配し、危険に晒しました。健康のためとか何とか言って、幼い私に巨大な下剤を飲ませ、虐待したのです。そのうち下剤のせいで、私はトイレで血を流すようになりましたが、怖くて父はおろか誰にも相談できませんでした。私の腸内は破壊され、ひどい腹痛で何日も学校を休まざるを得ませんでした。それでいて私の学校の成績が悪いと見ると、父は私を救いようのない出来損ないだと罵りました。そして、私はその言葉を信じたのです。

幸せのヒント

子供は、自分の身に起こっていることの理由が理解できないとき、自動的にすべて自分のせいなのだと思い込みます。

～カリーナは幼い頃、母親が友達と遊んだりパーティーに行ったり色々な男性とデートしたりしている間、幼い弟と2人きりで留守番させられることがたびたびありました。家の中では、カリーナが保護者にならざるを得ませんでした。あるとき、夜中に母親がまだ帰ってきていないことに気づいた彼女は、母親が死んでしまったのではないかと怖くなって父親に電話したことがありました。母親は死んではいませんでした。ただ、気を失って誰かの家で一晩過ごしていただけでした。電話を受けた父親は、カリーナと弟を自宅に連れて帰りました。あとで、カリーナは父親に電話したことを母親に罰せられました。

小休止

あなたが子供の頃に受けた虐待やネグレクト、恐怖や混乱を感じたときのことを思い出して、書き出してみましょう。それから、この無秩序型の愛着スタイルが自分に当てはまるか考えてみましょう。

### ▼不安型

不安型の愛着スタイルの根っこにあるのは、矛盾のある親の行動です。親の行動に矛盾があると、次の瞬間どんな行動をとるのか、常に予測できない状態が続きます。私の家族の場合は、両親ともに離婚と再婚を何度も繰り返しました。私たち子供は親がつき合ってきた何人もの人たちと顔を合わせています。父に関しては、私の人生に登場しない期間のほうが長かったのですが、たまに現れるとそのたびに厄介事と諍いをもたらすので、いつもまるで台風が通り過ぎたように感じていました。父は好き勝手に現れたり去ったりしましたが、会ったときにはいつ何時も父親として接するよう強いられました。

父はいつも自然療法の「解毒剤」とともに、妙な信仰を私たちに押しつけました。怪しげな「スピリチュアル・リーディング」に参加したあと、父は私に、私たち親子が前世では恋人同士だったと告げました。父親が娘に言うには、あまりに不適切で、暴力的で、混乱を招く事柄でした。さらに、今世で母が私を嫌うのは、前世で父が母ではなく私を恋人に選んだから、嫉妬しているのだと言うのです。父の歪んだナルシシズムを目の当たりにした私は、強い不安と父に対する愛憎のせめぎ合いに気分が沈みました。自分が父に愛されているのか、だとしたらどう愛されているのか、あるいは全くどうでもいいと思われているのか、私には知るすべがありませんでした。母に本当に憎まれているのか、それは前世で父が私を選んだからなのかどうかもわからず混乱しました。当時の私は幼すぎて、父の話の裏を読み解くことも、あるいは全くの作り話だろうと一蹴することもできなかったのです。

一方で私の母は、子供たちよりも恋人との関係を優先する人でした。私が寂しい思いをしているときは、償いのつもりなのか、自分を『ピノキオ』のコオロギに見立てて、「ジミニー・クリケットのように肩に乗って、いつもあなたのそばにいる」と言いました。想像上のコオロギが、母親の代わりになるはずもありませんが。母は明るく温かいときもありましたが、すぐイライラして愚痴っぽく、冷たくて愛情に飢えている人でした。母のそばにいると不安で落ち着きません。母は常に自分のことばかり考えていました。

ジャックの父親は、父親というより家族全体を仕切る独裁者のような存在でした。家の中が清潔で静かで、完璧に整頓されていなければ気が済まない人でしたが、それは健康的でわんぱくな子供がいる普通の家庭では無理な要求でした。父親はジャックには理解できない理由で烈火のごとく怒る人で、ジャックはいつも、自分の行動が父親の逆鱗に触れてしまわないかとびくびくして毎日を過ごしました。父親の視界に入ることは許されても、声を出すことは許されず、恐怖のどん底にいました。そばにいるときは行動が予測できない父親の心理的な暴力から身を守るために、本当の自分を押し殺すしかありませんでした。今でもジャックは、父親を愛しているのか憎んでいるのかわからないと言います。父親の前では体が強張り、極端に口数が少なくなります。彼の意思とは関係なく反射的に警戒心が高まり、薄氷を踏むように慎重になります。

小休止

子供の頃、家族に対して２つの相反する気持ちを抱いたり、予測できない態度に怯えたりしたときのことを思い出して、書き出してみましょう。それから、この不安型の愛着スタイルが自分に当てはまるか考えてみましょう。

過去の記憶をたどっていくと、なぜ自分が家族の前で、そして後には他人の前でも、不安になったり、相手に対して２つの相反する気持ちを抱いたりするのかがわかるかもしれません。家族がいつも態度をころころ変えたり、あなたを傷つけたり怯えさせたりするせいで、あなたは希望と信頼感の代わりに常に恐怖と混乱と不安を抱えて生きてきたのかもしれません。

### ▼回避型

回避型の愛着スタイルは、養育者が子供と距離を取り、心を通わせようとしないことが原因で発現します。通常このタイプの親は、世話をしないことで子供の自立心と責任感を養っているのだという言い訳をします。確かにそうして育った子供は一見自立心が強いように見えますが、心の奥底では、誰かが心理的な距離を縮めてくることに強い不安を持つように育った可能性があります。また、養育者との精神的繋がりが薄く、適切な言動を学ぶための「ミラーリング」の手本となる大人がいなかったせいで、認知能力や言語化能力、コミュニケーション力、感情を説明する力などがうまく発達しない可能性があります。

回避型の愛着スタイルの例として、ある2人の話を紹介します。警察官のリチャードと、元消防士のリサの話です。両者とも、子供の自立を促すためにほとんど世話をしない方針の親に育てられました。大人になってから、2人はそれぞれ毒のある配偶者と結婚し、離婚しました。それ以来、2人は10年ほど独り身です。リチャードもリサも、思考や感情がこんがらがってしまい、自分の考えや気持ちをうまく人に説明することが苦手だと感じています。今感じている気持ちが正しいのか、間違っているのか、常軌を逸しているのか、それとも普通なのか、合理的なのかも、頭が混乱して考えがまとまらなくなってしまうのです。2人とも読書家で、熱心に調べものをする人たちです。自分に何が起こっているのか知るために、様々な資料を読み漁ってきました。養育者不在の状況下で十分なミラーリングができなかったために、彼らは他人の気持ちを察する自信がなく、人を恐れているのです。他人の気持ちが完全には推し量れないのは健全な人間関係ではあたり前のことですが、彼らはそんなリスクに晒されるくらいなら独りでいるほうがいいと思っています。

**小休止**

子供の頃、養育者があなたを遠ざけ、積極的に世話をしてくれなかったときのことを思い出して、書き出してみましょう。それから、この回避型の愛着スタイルが自分に当てはまるか、考えてみましょう。

これらの不安定な愛着スタイルはいずれも、何らかのトラウマに結びついています。そのトラウマは、なかなか消えることのない、人に対する強い不安と不信感を植えつけます。このような心の傷を抱えていると、今ある人間関係やこれから築こうとする人間関係にも支障が出てしまいます。

## 愛し方、愛され方がわからない

崩壊してしまった家庭においては、健全な愛情を与えることも受け取ることもできません。そして健全な愛情を知らずに育つと、愛情とのつき合い方自体を知らずに大人になってしまいます。ほとんどの場合、子供のとき欲しくとも手に入らなかった愛情を大人になってからも求め、与えようとします。自分を愛し返してほしいがためだけに誰かを愛そうとしたり、誰かを愛すことで、心にぽっかりとあいた穴を埋めようとしたりします。あるいは、愛そのものを遠ざけようとするかもしれません。

自分の愛着スタイルを知れば、なぜ自分が愛に対して不安定なのか理解できるでしょう。誰かを愛するとき、あなたは安心感からではなく自分の痛みをやわらげるために愛しています。心に傷を負ったせいで、愛を失うことを恐れているのです。愛を失えば一巻の終わりだとでもいうかのように。誰かに愛されているときのほうが、自信もつきますし幸せを感じられるでしょう。ですが、ひとたびその愛を失ったら、生きる意欲を削がれ、自分は愛されない人間だと思い悩むでしょう。たとえあなた自身の選択で関係を終わらせたのだとしても、繰り返し愛を失うたびに、あなたの中の一番奥深くに根を張っている恐怖が顔を出します。もしかすると、家族の言い分は正しかったのではないか——彼らが言う通り、自分はどうやっても愛されない人間なのかもしれない、という恐怖です。あるいは、誰もあなたと長く関係を続けたいと思うほど、深い愛を感じてくれないのだと結論づけるかもしれません。

**幸せのヒント**

不安定な愛着スタイルを持っている人が一番恐れているのは、自分が、誰かに時間や思考、努力、情熱を割いてまで愛してもらえるような価値のある人間ではないという考えです。

このような、人生の大部分に影響を及ぼす不安定さを抱えながら生きていくのは、途方もなく大変なことです。ただでさえ世界は不確実なものに満ちているというのに、愛情や愛着に関する問題を抱えているとなると尚更です。コミュニティーへの帰属意識と幸せには相関関係があるといいますが、そもそも愛情や愛着の感情を恐れている人が、どうしたら他人と繋がれるのでしょう。あなたが今も抱える強い不安を取り除くには、まずそれがどこから来たのかをはっきり認識することから始めるといいでしょう。

## 基礎的不安

家族があなたを虐げ支配しようとする環境で育ったのなら、おそらくあなたは常に不安を抱えて生きてきたでしょう。安心できる相手がおらず、家族の態度が予測不能で混乱に満ちた幼少期を送ったことが原因で、無意識に不安な気持ちが募ったのです。私自身、自分の抱えている不安について理解しようと調べて回りましたが、ＤＳＭ－５にも心理学の文献にも、私の不安を説明してくれる記述は見つけられませんでした。条件や症状の中に一部当てはまるものもありましたが、私が経験していたことを包括的に表すものはありませんでした。ですから、私は自分の抱えているものを「基礎的不安」と呼ぶことに決めました。あなたもぜひ使ってみてください。

基礎的不安は、脳内の化学物質の問題ではなく、愛着の問題です。愛着の基礎がぐらついていると、あなた自身も不安定な人間になります。スーザン・フォワード氏はこのように言っています。「予測不可能な親は、子供の目には恐ろしい神のように映ります。子供は神のような親の慈悲を得て生きているのです。次にいつ、ネグレクト、虐待、支配などの雷が落ちるかわからなければ、恐怖に震えながら生きるしかありません。雷の恐ろしさと、いつ落ちるかわからない不安は、私たちの心に深く根を下ろし、成長するにつれて大きく膨れ上がっていきます[10]」。子供の成長段階に植えつけられた不安が、知らず知らずのうちに、恥や自己疑念として根づいてしまうのです。

**幸せのヒント**

「子供の頃に不当な扱いを受けた人は、その後どんなに成功しているように見える人でも、心の中では無力で怖がりな子供のままです[11]」

## 愛着の科学

愛着の仕組みについて科学的根拠がなければ、私たちの経験は単なる主観として片づけられ、正当性を世間に証明できないまま終わってしまいます。ですから、ここからは心理学的理論を超えて、軽く科学的理論の話に入っていきます。

**幸せのヒント**

科学的根拠をもって自分自身についての主張を証明できれば、あなたが抱えているものが紛れもない真実だと自信を持てるでしょう。

『Fear In Love: Attachment, Abuse, and the Developing Brain（仮邦題：愛情への恐怖――愛着と虐待と脳の発達について[12]――）』（未邦訳）という論文の中で研究者たちは、子供の頃に心に傷を負ったりトラウマになったりするような経験をすると、脳の発達に影響が出ることを示しています。成長するにつれ発現する遺伝子に、親子の心理的隔たりが影響すると言うのです。幼少期の経験がどのように脳を変えるかについてはまだ明確な研究結果を得られていないようですが、1つ確かなのは、幼少期の経験に反応して、脳の構造、遺伝子の発現や機能が変わるということです。

ベッセル・ヴァン・デア・コーク氏は、『身体はトラウマを記録する 脳・心・体のつながりと回復のための手法』という素晴らしい著書の中で、子供は生物的本能として愛着を持とうとするという理論を支持しています。[13] 親もしくは養育者が愛情深く世話をしてくれる人か、それとも子供を拒絶して遠ざけたり、虐待したりするような無神経な人かは関係ありません。子供は何とかして欲求を満たそうと、手の届く範囲で最適なスタイルを習得します。幼児期の愛着への欲求に、遺伝子がどう反応するか自分で制御することなどできません。ヴァン・デア・コーク氏は、「恐怖は愛着への欲求を駆り立てる。たとえそれを与えてくれる存在が同時に恐怖の源だったとしても」と言っています。[14] たとえほとんど報われなかったり、完全に拒絶されたりしたとしても、あなたには養育者に愛着を求める以外、選択肢がなかったのです。

ヴァン・デア・コーク氏の研究はさらに、幼少期に経験した不確実性がストレスの感じ方にも多大な影響を与えると示しています。守ってくれる人がいない状況で、子供が安心してリラックスできるはずもありません。そういう人は大人になってからも、ほんの少しでも危険を感じるとストレス反応が起こります。ストレス反応が起こると、動揺して脳の神経活動が乱れたまま活性化し、大量のストレスホルモンが分泌されます。それによって心理的および身体的不快感や苦痛に加え、吐き気、息切れ、高血圧などの症状が表れ、また高血圧によって攻撃的あるいは衝動的な行動をとることもあります。これらの反応が表れると、あなたは「パニックに陥った」と感じるでしょう。人生や愛といった理解不能なものに呑まれてしまい、振り回されすぎて力尽きてしまうかもしれません。トラウマによって変質させられた脳からもたらされるこのような反応が、基礎的不安のもとになっています。トラウマというのは、自分でうまく処理できないほどの過度なストレスを感じる環境や状況に置かれることで発生します。つまり、そのような状況下で感情を消化し、立ち直ることなどそもそも不可能だったのです。そして感情を消化できなかった結果、一生治ることのない傷が刻まれてしまったのです。トラウマは、脳の奥深くにいつまでも居座り続け、消えることはありません。それゆえに、何かの拍子にいともたやすくよみがえるのです。

トラウマを抱えた脳と癒やされた脳の、それぞれの思考の傾向を比較しました。

このリスト（次頁）を見れば、重大なトラウマを抱えた脳が健全な脳と比べてどれほど違うかわかると思います。ですが、トラウマを抱えて育ったとしても、この先もずっとこのような思考で生き続けなければならないわけではないので安心してください。脳を癒やす方法はあります。

## トラウマを抱えた脳

- 常に警戒し、恐れている
- 悲観的思考
- 凝り固まった考え方
- 極端な思考
- 物足りないと感じる
- 他人からの非難を恐れる
- 無罪と証明されるまでは有罪
- 先に攻撃し、疑問はあとで解消する

## 治癒した脳

- リラックスし、人を信用する
- 楽観的思考
- 柔軟な考え方
- 思慮深い思考
- 充足感がある
- 自信がある
- 有罪と証明されるまでは無罪
- 思い込みを避け、先に疑問を解消する

幸せのヒント

トラウマによって脳が変質してしまうという事実は憂鬱ですが、癒やすことでいい方向に変質させることも可能なのです。

精神的なトラウマを癒やすには、まずトラウマの原因になったと思われる幼少期の経験を思い出し、それがどんなストレス反応を引き起こすか試してみてください。何らかの反応を誘発する記憶は「感情トリガー」と呼ばれます。恐怖や恥、自己疑念などの感情が誘発されるような記憶はすべて感情トリガーだと考えてください。記憶以外にも、経験、出来事、衝突、不安など様々なものが感情トリガーになり得、いずれも今の気分を塗りつぶすほどの強い感情で心を揺さぶります。この章では、あなたに自分自身のことを考えてもらうために質問をしましたが、次の章でも同様の質問を続けていきます。それらの質問を通して、あなた自身の感情トリガーを見つけてください。後ろのほうの章では、それを治癒する方法を紹介していきます。

第7章

# 人生のステージごとに植えつけられる「毒になる恥」

「毒になる恥」とは、トラウマによって残される惨《むご》い置き土産です。毒になる恥は人生の第2ステージ（あとで説明します）に根づき、成長するにつれ膨《ふく》らんでいきます。

我が家では、私が除け者にされていました。私はかなり早い段階から、家族、特に母から嫌われていることに気づいていました。母が私を厄介者扱いすると、あっという間に私に対する軽蔑の念が家族全体に広まり、全員が私のことを「落ちこぼれ」だと決めつけました（この状態が大人になってからも続き、私はいつも魔女狩りにあっているかのような気分で人生の大半を過ごしました）。私は日常的に利用され、虐待され、生贄にされました。

このときの苦しみが私の自尊心を著しく損ない、人生観や人に対する価値観、そして人間関係における選択に大きな影響を与えました。私はずっと、駄目な人間で、お荷物で、出来損ないの落ちこぼれだと言われ続け、私自身そう信じていました。つまり、自分を恥だと思っていたのです。

自分を無価値で恥ずべき存在だと感じたり、自己嫌悪したりする不条理な感情を抱え続けるのが毒になる恥というものです。恥というのは人間の精神に深く刃を入れ、理性的な思考を麻痺させてしまうほどに強力な感情です。ほんの些細なことが引き金になり、思わぬことで毒になる恥に襲われ、感情を乗っ取られることもあります。すると、自分の感情や反応を制御するのは至難の業です。しかも、自分をうまく制御できない状態のせいで、余計に自分を駄目な人間だと思い込んでしまいます。

しかし毒になる恥に侵食されているからといって、何もかも終わりというわけではありません。その傷を自覚し、改めて向き合うのは苦しいでしょう。ですが、それは同時に、嘘の中の真実を見極めるためのスタートラインに立つということでもあります。ですから、思い切ってこの厄介な問題に向き合ってみましょう。そうすれば、きっと真実が見えてくるはずです。同時に、あなたの傷も癒え始め、いずれ心の平穏も取り戻せるでしょう。あなたをがんじがらめにしていた恥という鎖から抜け出すことができれば、人生は大きくいいほうに変わっていくはずです。

## 自主性対恥と自己疑念

エリクソンによると、精神的な発達における第2ステージは1歳半から3歳までの期間に該当します。この段階で初めて自主性が芽生え、養育者と自分は別の人間だという意識を持ち始めます。また、最も恥の感情を植えつけられやすい時期でもあります。

この時期には、自信や決断力、意志（エリクソンが言うところの、自主性が確立され自分のために行動を起こす力）などが培われます。エリクソンはこう言っています。「親として子供が能力の限界に挑戦できる環境を作り、なおかつ失敗に寛容であることが非常に重要である。子供は批判されたり、過度にコントロールされたり、自分の意見を言う機会を奪われたりすると、自分が不出来な人間だと思い、自分の能力を疑ったり恥じたりするようになる」[15]。この時期を健全に過ごせれば、子供は自分のことを信頼できると考えるようになります。

しかし、自分を主張して厳しく罰せられたり、挑戦して失敗したときに貶されたり、欲求を満たそうとして馬鹿にされたりするなどして、このステージを健全に切り抜けられなかった場合、恥の感情が植えつけられます。恥というのは、感情の中でも最も破壊力のあるものです。なぜなら、恥の感情は放っておけば消えてなくなるというものではないからです。成長するにつれ、人はどうにかして恥の感情を消し去ろうと色々な方法を試します。例えば、自分の行動の結果に対する責任を他人になすりつけようとするかもしれません。これは典型的なナルシシストの特徴です。自分を苦しめた毒家族と同じように、自分もまた成熟できず、大人になってからも子供じみた癇癪を起こす人になっているかもしれません。あるいは、もともと親の卑劣な態度に感情移入するような子供であったなら、自分こそがすべての問題の原因なのだと咎《とが》を受け入れ、自分を責め続けるかもしれません。

第２の発達段階を終えたときには、次の３つのいずれかの状態に当てはまると考えられます。

○健全な自主性を持っている。
○自己中心的なナルシシズムの性質を持ち、自分の問題を他人のせいにする。
○人の感情に繊細で、すべて自分が悪いと思い込み、他人の機嫌を取ろうとする。

小休止

次の質問について考え、答えを書き出してみましょう。「はい」か「いいえ」だけでなく、これらの経験がその後の人生にどのような影響を与えたかを考えてみましょう。

1. 失敗に寛容な環境で育ちましたか？
2. 境界線を設けること、および適切な境界線を模索することが歓迎されているように感じましたか？　それとも厳格なルールに反抗、または従わなければなりませんでしたか？
3. 今現在、何事も挑戦しようという心持ちで生きていますか？　それとも安全なコンフォートゾーン（快適な空間）から出るのを怖いと感じていますか？
4. 大人として自立することを許されていますか？　それとも家族に縛られ、要求に応えるよう圧力をかけられていますか？

5．恥を感じたり、貶められたり、非難されたりした記憶はありますか？
6．自分の意志で決断を下せますか？　それとも誰かの承認が必要ですか？

これらの質問の答えは、記録して保管しておきましょう。このステージをどのように過ごしたかをはっきりと自覚することで、立ち直るためのスタートラインに立てるからです。第1ステージで不信感を抱え、さらにこのステージで恥の感情を植えつけられた場合は、次のステージでさらに追い打ちをかけられたことでしょう。ここから先は、恥の感情がさらに大きく人生に打撃を与える過程を見ていきます。

## 積極性対罪悪感

エリクソンのいう第3発達段階は、3歳から5歳までの期間です。これは目的意識を獲得する段階です。自主性に加え、創意工夫や独創性が見られるようになるでしょう。それまで自分のことしか考えていなかったのが、人との関わり方を学ぶようになります。知恵を働かせる機会を得ることで、積極的に自分の能力を駆使して他人を導き、決断できるようになります。ただし、批判されたり行動をコントロールされたりしてその積極性がくじかれると、罪悪感と恥の感情に囚われます。自分と他人を導き、家族から離れようとした自分を恥じてしまうのです。また、このステージでは、頻繁に質問を投げかけるようになります。知りたいことが絶えないのです。このとき、親に質問を鬱陶《うっとう》しがられたり、一蹴されたり、面倒がられたり、恥ずかしいと諫められたりすると、好奇心を持ったことに罪悪感と恥の感情を抱いてしまいます。

この段階で親が健全な接し方をすると、子供は決断力が養われます。破滅的な家庭で育つと、積極性を持つことはそれだけで反逆のように受け取られます。私も私のクライエントたちも、それで家族に嫌悪の目で見られた経験があります。心理学的にはこれは「ナルシシストの視線」と呼ばれ、毒家族が駆使する最強の武器の1つです。その目で見られると、自分はどうしようもない出来損ないだと言われているような気になり、自分を恥じる感情が心の奥まで浸透します。毒家族が拒絶を示すのに、ひどい言葉や体罰は必要ありません。たった一瞥《いちべつ》くれるだけで十分なのです。

このステージで罪悪感が積もりすぎると、不安が心に巣食い、人との交流に遅れが出ます。それはのちに、独創性の発達を阻むことにも繋がります。自分の言動を否定される恐怖を知ってしまうと、引っ込み思案になるのは自然な流れです。自分の中の恐怖と植えつけられた罪悪感のせいで、沈黙を貫くことを覚えてしまうでしょう。もちろん、一切の罪悪感を覚えないほうがいいということではありません。自分を律し、倫理観を培うためには多少の罪悪感が必要です。ですが、過剰な罪悪感は子供の積極性と帰属意識を奪ってしまいます。

小休止

次の質問について考え、答えを書き出してみましょう。「はい」か「いいえ」だけでなく、これらの経験がその後の人生にどのような影響を与えたかを考えてみましょう。

1. 恋人や友達、家族にとって、自分の存在が負担になっているように感じますか？
2. 自分が考えたこと、感じたこと、言ったことを毎回分析しますか？
3. 人にプレゼントをあげたり褒《ほ》めたりすることはできるのに、人からプレゼントをもらったり褒められたりすると、恥ずかしいと感じたり、罪悪感を持ったりしますか？
4. 人に気に入られようとして、薄氷を踏むかのように気を遣いながら生きているように感じますか？
5. 現在、もしくは過去に、家庭内で、自分の意見を言ったり、他の人とは違う意見や願望を持ったり、積極性を示したり、自分のやり方を選んだりすることは許されていましたか？　現在の交友関係においてはどうでしょうか？
6. 他の人から馬鹿にされないために、質問するのを避けがちですか？

これらの質問にしっかり向き合うことをお勧めしますが、答えるのは決して簡単なことではないでしょう。答えようとするたびに、心の奥の恥や不安といった感情を思い出すでしょう。ですが、このように自分を見つめ直すのは重要です。心の奥に根づいた恥や罪悪感が、生まれてこの方あなたの人生にどんな影響を与えてきたのか、認識するのに役立つはずです。その目的を念頭に置いておけば、この先の各発達段階を分析するときに、どのようにしてあなたが今のあなたになったのかが見えてくるでしょう。

## 勤勉性対劣等感

５歳から12歳の期間が次の第４ステージに該当します。この時期の主な目的は、自分や家族、社会が関心を持つ分野のスキルを蓄積していきながら、競争心を発達させることです。

子供がこの歳になると、多くの毒家族が学業や運動の成績、他の子供からの人気、外見の良し悪しなどといった、表面的な資質における競争を過剰に重視するようになります。私の両親は、今も昔も外見を特に重視しています。彼らが他人の人種や肌の色にけちをつけ、年寄りや太っている人を軽蔑し、よくもまあ、しわができた顔で外に出られるものだと嘲笑うのを私は幾度となく耳にしてきました。子供の頃に聞いた、私や他人に向けられた胸糞悪い蔑《さげす》みの言葉を思い出すと、悲しい気持ちになります。

第４発達段階で、競争の重要性が刷り込まれます。このステージを健全に過ごせれば、自分には能力があるという自信をつけることができます。ですが、この時期にやる気を奮起させるような励ましの言葉を得られなかった場合、自分の能力に自信がつかず、劣等感が生まれるでしょう。その結果、現実的に達成不可能な成果を上げなければならないように感じ、積極的に何かに取り組むことをやめてしまいます。

小休止

次の質問について考え、答えを書き出してみましょう。「はい」か「いいえ」だけでなく、これらの経験がその後の人生にどのような影響を与えたかを考えてみましょう。

1. あなたの発想や関心事を褒められたり、後押ししたりしてもらえましたか？ 今はどうでしょうか？
2. 両親が勝手に設けた基準に、自分は届いていないように感じましたか？
3. どんな夢でもきっと達成できるという趣旨の言葉を受け取ったことはありますか？
4. 人として愛されていると感じていましたか？ それとも成果や見た目だけを愛されていると感じていましたか？
5. 子供のとき、競争心はありましたか？ それとも劣等感がありましたか？ 今はどうでしょうか？

劣等感は、幼児期に経験した恥の感情から生まれます。1つの段階の上に次の段階が積み重なり、総合的な心の健康を養ったり奪ったりするのです。毒家族が成り立つには、誰かの劣等感を増大させる必要があります。この仕組みは愛情の上に成り立つものではありません。誰が力を持っていて、誰が持っていないか、そして誰が優れていて誰が劣っているかという考えの上に成り立っています。この仕組みを機能させ続けるには、力のない者がずっと非力のままでいる必要があります。しかしこの状態はもはや機能不全に陥っていると言っていいでしょう。あなたの劣等感はおそらく植えつけられたものであって、本当のあなたとはかけ離れています。これらの質問を通して、あなたの人生がどのように力でコントロールされていたかを認識しましょう。そしてそこから立ち直るためにも、幼い頃から刷り込まれた価値観が、今のあなたにどんな影響を及ぼしているか考えましょう。

## アイデンティティー対役割の混乱

第5ステージは12歳から18歳の期間です。この時期に入ると、人は大人としての自分の役割を学び、全《まっと》うしようとします。エリクソンによると、この段階で性的なものと、職業的なものの2つのアイデンティティーが発達します。思春期を通して、自分がどんな若者か考えるようになります。自分の性的指向を見定め、性的なことや恋愛関係に関心が向くようになり、どんなことに魅力を感じるか自覚します。

このステージを健全に過ごせれば、自分を他人にゆだねる信頼の心を得ることができます。この信頼感によって、自分と他人との本質的な違いや倫理観の違いを認識し、許容できるようになります。これがうまくいかず、家族や社会の中で自分のアイデンティティーを確立できないと、「大人になったら何になりたいかわからない」「自分が何者かわからない」「私自身を愛してくれる人はいない」といった悩みを抱えることになってしまいます。

すなわち、役割の混乱です。世界における自分自身の立ち位置が把握できないと、ネガティブな感情に囚われやすくなります。

自分が何者かわからないまま10代を過ごすと、摂食障害になったり、不特定多数と肉体関係を持ったり、家族や社会に対して反抗的な態度をとったりすることがあります。親から健全な愛情や励ましをもらえなかったり、認められなかったりすると、あなた自身も、自分を愛し励まし、認めてあげることができなくなるのです。家族の頂点に君臨する人（親もしくは養育者）が不健全だと、その影響がそのまま下にいる人（子供たち）にも浸透してしまいます。そして愛を知らないまま育つと、大人になってから恋人やパートナー、友人、同僚などとの交友関係において正しい選択ができず、あなたが毒家族から得られなかったもの（助力、導き、返礼、承認、感謝など）をここでもまた得ることができません。

小休止

次の質問について考え、答えを書き出してみましょう。「はい」か「いいえ」だけでなく、これらの経験がその後の人生にどのような影響を与えたかを考えてみましょう。

1. 怒りを露わにすることを咎められましたか？
2. あなた自身を受け入れてもらえているように感じましたか？

3. 周囲から向けられる期待に反抗しましたか？　あなたはこうであるべき、と言われた姿から遠ざかろうとしましたか？　力に飢えた家族の支配から逃れ、生き方を指図されないために、彼らから押しつけられた理想像に背を向けましたか？
4. 大人になってからも、周囲の期待に反抗したり、期待をかわそうとしていますか？
5. 自分が何者か、はっきりとした自覚がありますか？
6. 自分が何者か、混乱していますか？

自分に選択権がないと感じる状況で、言われたことに反抗して正反対のことをしたり、正反対の自分になったりするのは自然な振る舞いです。本来自分が手にしているべき選択権をその手に取り戻そうとしているだけです。振り返ってみて、あなたが非常に若いときからネガティブな価値観を刷り込まれてきたことに気づいたと思います。これほどまでに強く自分を出来損ないだと思い込んでいた理由にも合点がいくでしょう。劣等感を刷り込まれて生きてきた人間が、強気に出られるわけがありません。私のように家族に反抗するか、あるいは家族の厳格なルールに大人しく従ったところで、力が湧いてくることはありません。ですが、各発達段階の自分を分析すると、私は力が少しずつ湧いてくるのを感じました。自分が毒家族の被害者であり、私が抱えていた不安や、それゆえの振る舞いも、私自身のせいではなく不健全な環境のせいだったと気づいたからです。あなたも同じです。あなたが悪いのではありません。あなたの価値観を塗り固めた毒家族が悪いのです。

## 親密対孤立

18歳から40歳までが、第6ステージとされています。愛情を与え、受け取る力が発達する段階です。人とより親密になり、家族以外の他人と、深く長期的な人間関係を築くようになります。このステージを健全に過ごすことができれば、永続的な愛情が育まれます。永続的な愛情とはつまり、互いに自分を磨き続け、関係を維持する努力を続けたいと思う心です。

このステージをうまく切り抜けられないと、人と親密になることを避け、長期的な関わりを恐れるようになります。もしくは、愛情に必死にしがみつき、相手を息苦しく感じさせてしまいます。どちらにせよ、愛は苦しいものだと考えているはずです。身体的もしくは精神的虐待を受けて育った子供は、愛と虐待は共存できると教えられます。この誤った考え方が、不幸にもあなたが大人になってからの愛の価値観をも歪めてしまいます。その結果、あなたを傷つける人が、あなたを愛してもいるのだという間違った考えにしがみついてしまいます。そして、大人になってからも他人に虐げられたり支配されたりするのを普通のことだと受け入れてしまうのです。すると、あなたが愛すると決めた人によって心の奥底にある恥が改めて肯定され、毒になる恥はさらに深くあなたの心を抉り、自尊心はどこまでも落ちていきます。

小休止

次の質問について考え、答えを書き出してみましょう。「はい」か「いいえ」だけでなく、これらの経験がその後の人生にどのような影響を与えたかを考えてみましょう。

1. 人間関係が終わることはすなわち捨てられることだと考え、関係の終了を恐れていますか？
2. 愛は弱く、障害や逆境の中では脆く崩れ去るものだと考えていますか？
3. 相手にも関係を維持するための努力をしてもらえると信じていますか？　衝突が起こったとき、解決したいと言う相手の意志を信頼できますか？
4. あなた自身が、人間関係の中で愛情を維持するために必要な努力を続けられると信じていますか？
5. 人間関係において、うまくいかなかったときのための予備の策を常に用意していますか？
6. 自分自身を愛していますか？　あなたは愛される人間かどうか、自分で知っていますか？

毒家族は、あなたの愛や親密さに対する認識を歪めてしまいます。そのせいで、あなたは愛情や心の平穏を感じられる関係を得るどころか、心の壁を高くしてしまうのです。あるいは反対に、心を守る方法がわからず、自信のなさゆえに常に誰かの導きを必要としてしまうかもしれません。これまで信じ込まされてきた歪んだ愛情から解放されるには、間違った価値観を捨てて正しい愛情の形を知らなければなりません。あなたがどのようにして間違った愛情を持つに至ったか、始まりの真実を見つめ直せば、愛の価値観を塗り替えることも、自分事として人間関係を築くことも、恐れずに愛を与えたり受け取ったりすることもできるようになります。

## 生産性対停滞

第7ステージは40歳から65歳までの期間です。あなたの死後も存在し続けるものを作ったり育てたりしたいという強い願望を持ち、多くの場合は誰かを導いたり、人のためになるいい変化を起こそうと努力します。自分の子供、または他人の子供を育て、生産的な行いをし、コミュニティーや組織の活動に関わることで、社会へ恩返しをします。生産性とは、未来を考慮した概念であり、また、あなたが世界のために何を生み出せるかということです。生産性によってあなたは、自分が大きな枠組みの中で価値ある重要な存在だという意識を持つことができます。このステージで成功すると、自分の有能さや達成感を味わうことができ、反対に失敗すると、自分が大して意味のない存在であるように感じてしまうでしょう。他人に貢献できずにいると、やがて停滞し、非生産的になっていきます。毒家族から刷り込まれた価値観をこのときまで持ち続けていると、コミュニティーとの関わりが薄くなり、自分のことも自分事として捉えられず、さらには社会からも隔絶されているように感じるでしょう。

小休止

次の質問について考え、答えを書き出してみましょう。「はい」か「いいえ」だけでなく、これらの経験がその後の人生にどのような影響を与えたかを考えてみましょう。

1. 生きる目的を見失ったように感じますか?
2. 恐怖や毒になる恥に、人生で成功したいという気持ちを阻まれているように感じますか?
3. これまでの経験を、人生を良くするために使うにはどうすればいいと思いますか?
4. あなたの人生にあるひび割れや穴は、これから知識や人としての成長で埋めていけばいいという考え方はできますか?
5. 人生をあなた自身でコントロールすることはできますか? もしできないなら、何があなたを引き止めていますか?

私自身の経験から言いますが、あなたは絶対にこのステージをうまく切り抜けることができます。どれほど壊れた家庭で育ったとしても、です。私にとって、痛みは倒すべき存在であり、導いてくれる存在でもあり、また鼓舞してくれる存在でもありました。私の物語をどう終わらせるかは、私自身の手にゆだねられているのだと気づいたのです。あなたも同じです。あなた自身で決められるのです。

幸せのヒント

毒家族の機能不全は次の世代へと引き継がれ、雪崩のようにすべてを呑み込み破壊していきます。
そして誰か、つまりあなたが、とうとううんざりして、勇気を出して虐待に立ち向かうことを決意するまで止まることはありません。

あなたこそが、自分の子供たちやその先の子孫たちに健全な精神と平穏をもたらすことができるのです。あなた自身が壊れた家族から学んだことを活かして、前向きで有意義なことをしましょう。あなたの心の中であなたを食い物にする存在を、力強い動機に変換するのです。

## 自我の完全性対絶望

年を取り老年期（65歳以降）に差し掛かると、第8発達段階に到達します。ほとんどの人は生産性が徐々に衰えていき、隠居後の人生を歩みます。そしてこの段階でそれまでの人生を振り返り、達成感の度合いを判断します。このステージを無事に過ごせれば、賢さという美徳を獲得し、自分の人生が完全な状態で完結を迎えつつあることを感じながら、これまでの道のりを振り返ることができるでしょう。すると、より晴れやかな気持ちで人生の終わりを受け入れることができるようになります。エリクソンによると、自分の人生が非生産的だったと感じたり、過去に対して罪悪感や恥を感じたり、人生の目標を達成できなかったと感じたりする人は、この最後のステージを大きな不満を抱えて生きることになります。そして失望や絶望、鬱屈した気持ちに打ちひしがれることになるのです。

毒家族の死が近づいたとき、あなたはほぼ間違いなく、彼らが絶望の淵に落ちる姿を見ることになるでしょう。彼らは間違った価値観を持っているために、年を取るごとに毒が増していき、より冷酷になっていくはずです。そして人生が終わるとき、自分の棺を載せた霊柩車のあとには何も続かず、せっせと積み上げてきた財産や名声が死にゆく自分を見送ってくれるはずもないのだと、ようやく気づくのです。人を支配し、利用し、虐げる能力を称えてくれる人など1人もいません。最も近しい人にさえ、彼らが愛情深く周りの人々に愛されていたという記憶は残らないのです。残るのはただの虚無感です。彼らは死の間際まで怒り狂っているでしょう。人生も周りの人々も不公平だった、誰もが自分たちの期待を裏切ったと文句を垂れ、自分たちこそが被害者だったと歪んだ考えを信じ込みながら。そして最後の瞬間に思い知ることになるのです。自分たちがあまりに残虐な仕打ちをしたがために、家族にさえ見放されたのだと。

あなたはこんな人生を送りたいですか？　もちろん、答えはノーでしょう。あなたは何も彼らのように、拒絶され、虐げられ、失望して暗い気分で、愛もなく孤独に生き、死んでいく必要はないのです。

幸せのヒント

あなたは立ち直り、
人々の励ましになるような生き方を選択できます。

## 決して遅すぎることはない

自分を変えるというのは、年齢を重ねるにつれて難しく感じるようになります。感情トリガーや恥の感情が、年を経るごとに浸透し、心の奥深くへと潜り込んでしまうからです。ですがその分、立ち直ったときの達成感はひとしおです。私の経験談が少しでも励みになることを願って話しますが、私は30代後半のときに、自分を大きく変えていこうと考えられるようになりました。そのとき、恥を植えつける毒家族のやり方を自分でも繰り返してしまっていることをはっきりと自覚していました。私は人生のどん底を何度も経験し、離婚し、家族と騒動を起こし、そうしてようやく、経済的に独立した、健全な精神のシングルマザーとして生きていくことを決意したのです。それは苦しく、恐ろしく、屈辱的で孤独な旅路でしたが、私はやり遂げました。

幸せのヒント

心の平穏を得るためには、時に自ら積極的に動き、あなたの人生に毒を残しそうな人間関係や場所や物との縁を切らなければなりません。

私は、壊れた家庭の中で耐え続けるのではなく、不健全な環境で育ったという現実を直視しなければならないと気づかされました。私の家族にとっても他の誰にとっても、壊れた関係の中で耐え続けるのが普通となってほしくはありません。私は心が満たされるような生き方をしたいと思いました。そしてあなたにも、そんな生き方をしてほしいと思っています。

次の章では、あなたがそんなふうに生きられるようになるまでの道のりを一緒にたどっていきます。まずは、毒になる恥を捨て去るところから始めていきましょう。

# 第8章 「毒になる恥」と決別する

エリクソンの発達理論を詳しく見ていったことで、あなたの心の核に刻まれた毒になる恥は人生の第2ステージで発現し、そこからずっと膨らみ続けてきたということがわかったと思います。あなたの人生を台無しにしてきた恥を消し去るためには、恥の感情が湧き上がってきたときにそれを自覚する必要があります。簡単に聞こえますが、これが意外と難しいのです。あまりに日常的に恥を感じすぎて、その感情が恥であることすら自覚できなくなっているのです。何かを意識するためには、先にそれを定義する必要があります。

毒になる恥とは何でしょう？　後悔や強い不安、自己嫌悪、屈辱を始めとした心の痛みが混ざり合った感情、あるいは自尊心が全く感じられない状態のことです。毒になる恥は、あなたの思考、感情、人との関わり方、行動すべてに影響を及ぼします。主な毒になる恥の症状を見ていきましょう。

○自己肯定感が低く、自己批判が多い。

○常日頃から自分を無価値だと感じる。
○自己破壊的。
○慢性的に人の言いなりにならずにはいられない。
○自分は悪くないのに、不合理な罪悪感を持つ。
○怒りっぽい、自己防衛的、媚びる、交流を避ける。
○仕事や人間関係において、本当の望みより下の立場に甘んじる。
○インポスター症候群（「本当の私を知ったら、みんな私を嫌いになる」と思い込んでいる）。
○正常に機能しない人間関係を繰り返す。
○基本的に人を信用しない。
○恥をかくことへの不安（常日頃から恥をかくことを恐れている）。

悲しいことに恥は、生きる上で授けられる最も美しい感情である、信頼、充足感、喜び、自由、達成感、創造力、幸せなどをあなたの人生から締め出してしまうほどに、強力な感情です。ですが、私自身とクライエントたちの経験から、毒になる恥は消し去ることができると断言します。本来の自分を取り戻しましょう。

## ホールネスの概念

ホールネス（全体性）を感じたいと思うのは人間の自然な本能です。しかし、ホールネスの概念は誤解されがちです。ホールネスとは、幸福でバランスがとれており、すべてを受け入れ、平和で、愛に満ちている状態が永遠に続くことではありません。そんなものはただの幻想です。確かにバランスがとれ平和で幸せになれたら素晴らしいですが、それはホールネスの概念の一部でしかありません。

ホールネスという言葉の定義は、必要な要素をすべて持っている状態のことです。あなた自身のホールネスを追求するならば、あなたのいい面だけでなく、冷酷なところ、哀れなところ、暴走しがちなところ、怖がりなところ、怒りっぽいところも自分の一部として受け入れなければなりません。人のいい面も悪い面も、憤りも感謝も、傷ついた心も癒やされた心も、美しさも醜さも、愛も痛みも、すべて含めてこそ真のホールネスと言えるのです。

幸せのヒント

あなたは完璧でないときこそ、
愛されてしかるべき存在です。

ホールネスの概念を簡単にすると、「中身」を意味します。つまり、ホールネスは丸裸の人間性を表すのです。ほとんどの人の、人として最も強い願望は、自分を自分として丸ごと愛してほしいというものです。誰しも自分の好ましい部分だけを好きだと言われたくはありません。あなたが好ましい人としか見られないのなら、それはあなたの本当の姿ではありません。あなたのほんの一部だけを見せた、作り物の姿です。

## 作り物の自分

恥は、作り物の姿が生まれる原因になります。作り物の姿とは、いずれ虚無感、疲労感、孤独へと繋がる悲しみや恐怖が具現化したものです。ホールネスへたどりつくには、あなたが生き抜くために作らざるを得なかった偽りの姿を少しずつ削ぎ落としていくことから始めましょう。愛を得るために、あなたは「こうあるべき」と考えた自分になるしかありませんでした。しかし、有害な毒家族が求めるものは予測不能で、次から次へとルールが変わっていきます。生まれたときから絶えず続いてきた虐待と支配のせいで、健全な環境でなら育まれていたはずの自然体のあなたへと成長する機会は一度も与えられなかったことでしょう。

小休止

どのようにして、本当のあなたを犠牲にして作った、他の人が求める作り物の姿を纏《まと》うようになったのか、考えてみましょう。

あなたの幸せと成長を阻害する毒家族との繋がりを絶って初めて、本当の自分がどんな人間か、考えられるようになります。ですが、たとえ家族と離れて暮らすようになっても、彼らのルールが染みついており、無意識に従ってしまうことはままあります。周囲の人全員を満足させようとし、そのくせ自分自身のことは気にかけないのです。周りにどう思われるだろうか、認めてもらえるだろうかという恐怖のせいで、なかなか作り物の自分が歩む言いなりの人生から抜け出せません。

## 人の目を恐れる

他の人にどう思われているか、そして自分が相手をどう思っているかを伝えたらどんな反応をされるかに戦々恐々とするのは、精神的虐待をされたことのあるあなたにとっては、もはや染みついた習性のようなものです。毒のある家庭において、あなたの正直さは排斥され否定されます。あなたにとって長いことそれがあたり前だったために、そのあとも大切な人に嫌われないように完璧なコミュニケーションをとろうとして葛藤に苦しむのも頷けます。私は人と話すのがあまりに苦手で、これから誰かと話すというときに具合が悪くなってしまうこともありました。人と意見が対立したときに、互いを理解し合う形で決着がつくのを経験したことがありませんでしたし、想像すらできませんでした。私の家では、対立すれば必ず私が否定されて終わったのです。

望みや懸念を相手に伝えるのが怖くて、何も言わずじまいになる気持ちは理解できます。ですが、残念ながらそれでは誰もあなたを見てはくれませんし、あなたの望みや、どうしたらあなたを助けられるかを他の人に伝えることもできません。

幸せのヒント

本当のあなたを隠して生きていくのは苦悩が増すばかりで、しかも他の人にはあなたが何に苦しんでいるのか理解してもらえません。

アダムは非常に毒性の高い母親に育てられたせいで、大人になってからも人をなかなか信用できず、人づき合いをほとんどしません。何年も一人暮らしをしており、親切な近所の住人とも最低限の交流に留めています。あるとき、近所の人にスーパーボウル（訳注：アメリカンフットボールの大会）の観戦パーティーに誘われましたが、その年に出場するチームは特に応援していたチームでもなく、何よりー人で家のことをしたいと思っていました。このパーティーへの誘いに、アダムはとんでもなく頭を悩ませました。近所の人に車が家にあるのを見られたら、拒絶したと勘違いされたり、あれこれ非難されたり、独りが好きな変人だと思われたりするのではないかと不安になったのです。不安を解消するために、アダムは結局もともとの計画を放り出して遠くのスポーツバーへ行き、興味のないスーパーボウルの試合を観戦したのでした。

念のため言っておきますが、アダムが決して臆病者というわけではありません。彼は法曹界で高いキャリアを積んでおり、世間の注目を集める重要な裁判にも何度も携わっています。しかし、この誘いを受けたときばかりは彼の深層心理に感情が支配されてしまいました。その結果、近所の人に変な目で見られるのが怖くて、本当の自分をさらけ出せなかったのです。

虐待を経験したサバイバーたちは常に、相手の求める行動をしなかったら相手に嫌われる、という考えに取りつかれています。あなたにも覚えがあるのではないでしょうか？

小休止

自分が本当はどんな人間なのか考えてみましょう。また、本当の自分をさらけ出して素直に生きたら、どんな人間関係を築き、どんな人生を送れるか想像してみましょう。

常に人を喜ばせようと気を遣い、理想の自分でいようとするのは精神的エネルギーを大幅に消耗します。そうしたからといって必ずしも相手を喜ばせられる保証はないのですから、尚更です。心は疲弊するでしょう。恐怖を捨て去って、素の自分でいたいと思った瞬間もあるかもしれません。

## 本当の自分を探して

あなた自身の幼少期に隠された真実を見つけなければ、いくらホールネスについて学んだところでホールネスにはたどりつけません。あなたがどのように育ってきたかを知ることで、本当の自分を見つけることができるでしょう。「本当の自分になる」とは、誰かを喜ばせようとしたり、誰かの価値基準に合わせて生きたりするのをやめるということです。自分らしく在《あ》ることをあきらめずに、自然体で生きるのです。ただしその過程では、安心するより先に痛みを感じることになるでしょう。本当の自分を探すとは、これまであなたが吹き込まれてきたあなた自身についての嘘を振り払い、傷つくのではないかと恐れて高く張り巡らしていた壁を低くするということですから。

家族に悪し様に言われ刷り込まれてきた嘘を捨て始めたとき、私は最初、怒り心頭に発しました。私はそれまで、家族が正しくて私が悪者なのだと心から信じてきたのです。私は子供だったがゆえにこのような嘘を信じてしまいました。子供というのは、嘘を判別できるほどの経験がないために、家族に言われたことなら何でも信じてしまいます。「悪者」というのが私に与えられた役目であり、私はあらゆる問題の原因として家庭内に居場所を与えられていました。毒家族は、すべての責任をなすりつけられる生贄の存在なくしては、頂点に君臨し続けることができないのです。少なくとも誰か1人は、トラウマを発露するように仕向ける相手を作り、その1人がすべてのトラブルの原因であるかのように扱います。このように1人を悪者に仕立て上げることで、他の家族はその人を虐げることへの免罪符を手に入れるのです。私は好き好んでこの役目を引き受けたわけではありませんし、あなたももちろん違うでしょう。家族にとっては、真の被害者である生贄が加害者であり、真の加害者である彼ら自身のほうが被害者なのです。

小休止

あなたに関して家族の中であたり前とされていた事実に、どのような嘘があったのか考えてみましょう。

もしあなたが、自己陶酔的な家族に対して欲求や正直な気持ちを伝えたり、怒ったり、対抗したり、激しく抗議したりしていたとしたら、どうなっていたか考えてみてください。そうしたとして、彼らに愛されたでしょうか？　ほとんどの人は経験上、たとえそうしていたとしても愛されることはなかっただろうと知っています。私たちはあらゆる感情を露わにした上で、「問題児」というレッテルを貼られたのです。

毒家族は、自分たちが与えた痛みを詳しく知ろうともしませんし、認めることすらしません。あなた自身の経験から、あなたの怒り、飢え、正直さ、苛立ちと悲しみの裏にある痛みを家族があえて無視したということはわかっているはずです。彼らはあなたが叫んだ真実の正当性を見て見ぬふりをし、あなたを責めました。あなたの気持ちを慮《おもんぱか》ったり労ったりするのではなく、一切取り合わなかったのです。

シャロンから、こんな経験談を聞きました。10代の頃に母親に大嫌いだと伝えたところ、母親は「あなたが私を嫌おうと、私はあなたを愛している」と答え、今でもそのやり取りを自慢げに話すのだそうです。表面上はいかにもいい話に聞こえますが、その裏に隠されているのは、母親がシャロンの反抗的な態度を引き出すために、あえてシャロンを深く傷つけたという意地の悪い事実です。シャロンが自分を憎むように仕向けた上で、立場を翻《ひるがえ》して「いい母親」として脚光を浴びようとしたのです。しかも母親はこの話を子育て中の美談として講演などで話すのだそうです。

これはまさにシャロンを生贄にしているいい例です。シャロンの母親は、自分が無条件に娘を愛する献身的な母親であり、一方娘は醜悪で手に負えないという偽りの人間像を嬉々として作り出しています。もちろん、真実は正反対です。シャロンが大人になってからも母親は、シャロンの気持ちが理解できないときは決まって「あなたには何を言っても、何をやってあげても無駄ね」と皮肉を言います。これもまさに、シャロンを生贄にする行為です。シャロンのネガティブな気持ちに対する母親の反応は、子供の頃から変わりません。幸運なことにシャロンは、精神的に支配しようとする母親がこのような反応をするのは、自分自身にとって不都合なことが起きたときだと気づくことができました。こうしたやり取りは腹に据えかねますが、残念ながらこういうどうしようもない人が世の中にはいるのです。

自分の家族が毒家族だと気づくのは、必ずしもそう難しいことではありません。何より難しいのは、その事実を受け入れることです。家族はこういう人たちで、これからも変わらないのだと受け入れることが辛いのです。深い喪失感と絶望に襲われるでしょう。なぜなら、その現実を受け入れるということは、彼らとの関係の終わりを意味するからです。ですが、この痛ましい、残念な現実を受け入れたからと言って、家族との感情的な繋がりが消えてなくなるわけではありません。たとえ縁を切ったとしても、自分の家族が毒家族であることを受け止めた以上、彼らから受けた傷や、現状を変えたいと切望する気持ちを通して、彼らとの繋がりはあなたの心の中に存在し続けます。ただし一切の接触を絶ったあとは、彼らとの関わりに心乱されることはなくなります。言い争いもなく、駆け引きもなく、支配も陰口も排斥も、自分を弁護する必要もなくなります。言葉を交わすことも、顔を合わせることもありません。絶縁によって、あなたを食い物にしようとする毒家族があなたの人生をめちゃくちゃにしようとするのを黙らせられるでしょう。

幸せのヒント

あなたを虐げる者の無礼に慣れるよりも、
彼らのいない人生に慣れるほうが健全です。

縁を切ると、本当の自分を見つけ、そんな自分に返り咲くための余裕ができます。恥や罪悪感を持たずに、心に余裕を持ってホールネスを目指すことができるでしょう。ひどい家族のもとで育ちながらも、1人の自立した人間として毒家族に負けずに生きてきたあなた自身に、ふさわしい励ましの言葉をかけてあげてください。

## 1人の人間としての権利

本当の自分――ホールネスを目指すには、恥の感情によって生み出された偽りの姿の根っこにある、あなたの痛みと不安を見つめ直す必要があります。そうして初めて、あなたの個人的な権利を見直すことができるのです。これまであなたには許されなかった、誰もが持つべき権利です。毒家族の家庭では、本当の気持ちを抑え込むことしか許されません。虐待の原因が自分自身にあると認めて責任を負うことでしか、存在を認めてもらえないのです。あなたは舞台に上がり、「不具合」の原因という役割を演じることを強いられてきました。長い時間をかけて、この役割を請け負う屈辱はあなたの心を打ちのめします。その果てに、あなたはまるで舞台に立つ空っぽの役者のように感じるでしょう。この「遊び」の不公平さと偽善に対して積もりに積もった怒りに、内側からゆっくりと死んでいくのです。それでもあなたは、家族という唯一の拠《よ》り所を求めて不公平なルールに従います。あなたが耐えている間、家族はオスカー賞並みの演技力を披露して、称賛と憧憬を受けます。並々ならぬ苦労をしながらも、あなたのような「扱いの難しい人」と関わり続けた凄さを褒められるのです。

舞台を降り、押しつけられた役割を捨てなければ、本当の意味で立ち直ることはできません。本当の自分になれなければ、自分自身を愛することはできないのです。舞台の上で演じているときは家族の一員になれているような気がするかもしれませんが、そのときのあなたは作り物のあなたです。どうあがいても本物ではないので、自分自身への混乱と欺瞞のもとになります。舞台の上にいる以上、自分らしく生きようとしても、それは自分を演じようとしているだけで、自然体で生きているわけではありません。家族があなたを愛しているように見せかけている間にも、彼らを恐れて怒りを抑え込まなければならないのですから。このような不誠実な駆け引きをするうちに、あなたの中に慢性的な不安が生まれました。どうか舞台を降りて、あなたが自分らしく生きるための権利を主張してください。

そもそもあなたは恥を感じるべき人間ではないのですから、その感情から解放されてしかるべきです。自分を価値のある重要な存在だと認識し、尊重していいのです。他の人からも尊重され、必要なものを与えられて当然なのです。あなたには、これまで得られなかったものを手にする権利があります。

人として当然の権利をもとに、毒になる恥から立ち直るための作戦を考えました。

**○これまで一度も得られなかった分、自分自身に愛情を注ぎ、目をかけ、時間を与えてあげてください。**

あなたの心を豊かにすることに時間を使いましょう。

**○周りに溶け込むために作った偽りの姿を捨て、本当の自分として生きましょう。**

拒絶されたり、周りから浮いたり、人に非難されたりすることを恐れずに済んだら、どんな自分になれるか想像してみてください。自信に満ちた恐れ知らずな自分を想像し、そんな自分に毎日少しずつ近づいていきましょう。手始めに、自信をつけるための一番簡単な方法は、姿勢を変えることです。わずかに胸を張って顎を上げ、肩を後ろに引くだけで、幸福感と自信を感じさせる脳内物質が分泌されると証明されています。

**○あなたの欲求や願望や感情を発信することで、自尊心を育てましょう。**

こういったことを相手に伝えるときは、要求があることを申し訳なく思うのではなく、当然の要求だと思って伝えられるように練習しましょう。丁寧に、けれどはっきりと、あなたの要求を伝えてください。明確に伝わるようにするには、短く簡潔に伝えることを心がけましょう。何から何まで説明するために長い講義をする必要はありません。

**○人間関係のために頑張りすぎているときは、そうと自覚できるようになりましょう。**

人間関係を維持するために自分ばかりが頑張っているようなら、一旦立ち止まりましょう。一歩引いて、相手との間に距離を取るのです。大抵の場合は相手がそれに気づき、自然とあなたとの関係にもっと尽力してくれるようになります。そうならなければ、その人との関係はそもそもあなたに向いていないかもしれません。だとしても、それは仕方がないことなので落ち込む必要はありません。

**○完璧である必要はないと心に刻みましょう。**

完璧にこなさないと、という強迫観念を感じたら、少し立ち止まり、今自分がどういう状況にあるのか確認し、落ち着くために自分自身と会話してみるといいでしょう。完璧になるのは不可能ですし、そんな必要もありません。正直なところ、完璧になればなるほど他の人からは近寄りがたくなります。完璧でないからこそ、親近感が湧き、魅力的に映るのです。自分を完璧だと信じる人と一緒にいても、楽しくありません。

**○何かの拍子に思い出す感情や記憶を拒絶し、抑え込もうとするのをやめて、じっくり見つめ直しましょう。**

そういった感情や記憶が浮かんできたら、そのまま受け入れ、観察してみるのです。必ず何か学べるものがあるはずです。感情や記憶のトリガーは、境界線を引くことを促すサインでもあります。引き起こされた感情をどうするか決める前に、毎回丸１日は猶予を与えましょう。

**○足元を見られたり、軽んじられたりするような人間関係から脱しましょう。**

一方通行の関係に甘んじてしまうと、毒家族との関係と全く同じことの繰り返しです。相手があなたを利用しているかもしれないと感じたら、起こった出来事に気を配り、確信を持つためにメモを取り、その人と少しずつ距離を取りましょう。忘れないでください、あなたにはもっとふさわしい人がいます。

**○自分を抑え込み、不健全な人間関係に甘んじてしまう人は、孤独への恐れを捨てましょう。**

もちろん、独りになるのは恐ろしく、寂しいでしょう。ですが不健全な人間関係を持ち続けても孤独感は消えませんし、それ以上に惨めな思いをすることになります。家族と絶縁したあと多くの人が、心にあいた穴を埋めようと手当たり次第、代わりになる人間関係に手を伸ばします。もしあなたが独りなら、「自分しかいない」ではなく「自分と一緒にいる」と考えましょう。自分自身との時間を楽しめるようになったら、心の隙間を埋めるためだけに他人に頼らずとも平気になっていきます。

**○失望、苛立ち、怒りなどの感情を相手に伝えましょう。**

他人に感情を伝えるのはあなたの権利であり、責任でもあります。コミュニケーションをとらなければ、人間関係を修復することも変えることも育むこともできません。自分をさらけ出すのは怖いことですが、あなたのためになる人間関係を築くには、その覚悟が必要です。ですから、言うべきことは口に出していきましょう。

**○すぐに攻撃されたと思い自己防衛的な態度をとる代わりに「ありがとう」「わかった」「あなたの言う通りかもしれない」などの言葉を口にする練習をしましょう。**

毒家族との生活で常に責められながら生きてきたあなたは、他の人より守りに入りがちかもしれません。守りに入るというのは、間違ったことを言われたときに我慢しないことではありません。以前、あなたについて事実でないことを誰かが信じ込んだとき、否定しても覆せなかった経験から、普段からつい自己防衛的な態度をとってしまうことです。攻撃されているように感じたとき、単に過去の経験からそう感じるのか、それとも本当に立ち向かって自分を弁護するべきなのか判断するのは難しいでしょう。過剰に守りに入らないために、「わかったよ」「聞かせて」「言ってくれてありがとう」「少し考えてみるね」などと言う練習をするといいでしょう。あとで1人のときに自分の感情と向き合い、自分の意見をはっきり決めてから、その人にあなたの考えを伝えればいいのです。

**○恥の感情が湧き起こったときの、反射的な反応を自覚しましょう。**

突然恥の感情に襲われたときは、何かが引き金になっているはずです。そのときはとにかく、ネガティブな考えが次から次へと折り重なって思考が坂を転がり落ちていくのを止めましょう。恥の感情を止めるには、その感情をよく観察するしかありません。思考を制御できれば、恥を観察し、理解することも容易になります。理解を深めることで、立ち直る道へと戻ることができます。

**○不安は焦りへと繋がることを理解し、落ち着きを取り戻しましょう。**

不安はまるで森林火災のように素早く燃え移り、暴走します。不安を感じ始めたらその感情を素直に受け入れ、そして不安のせいで周りが見えなくなっているのだと、自分自身に教えてあげてください。そんなふうに自分に話しかけるだけで、不安がやわらぐことも多いのです。

**○自分を貶める考えを捨て、肯定的なことを考えましょう。**

あなたの脳内ではもう長いこと、自分自身を批判する声が聞こえています。まずはその、自分自身に対してかける言葉を変えていかなくてはなりません。でないと次は、自分で自分を虐げることになってしまいます。例えば脳内の批判の言葉が、あなたの子供に向けたものだと考えてみてください。もし今の話し方のまま子供には話しかけないと言うのなら、今の話し方をやめるべきです。まるで自分の子供に話すかのように、あなた自身に言葉をかけましょう。

**○あなたを批判したり、軽んじたり、貶めたりして恥の感情を助長するような人と関わるのは避けましょう。**

恥を感じたくないのなら、恥を助長する人を特定し、あなたの人生から排除する必要があります。あなたを貶める脳内の声ですら邪魔なのに、これ以上あなたを軽んじる人間関係や状況は害にしかなりません。何かを手放しても、必ずそれと同等か、より良いものが手に入るので大丈夫です。

**○マッサージや運動、ヨガ、瞑想などをして、体の緊張をほぐしましょう。**

家族に虐げられたトラウマを持つ人の多くは、無意識のうちに心の痛みで体が強張ってしまっています。また、多くの人が喘息や慢性的な頭痛、胃腸トラブル、睡眠障害、咽頭炎、自己免疫疾患などの問題を抱えています。体の緊張をほぐすのは、これらすべてに効果があります。

**○愛情や優しさは素直に受け止めましょう。**

難しいことではありますが、誰かに優しくされたり、愛されたりしたときは、ありがたく享受しましょう。どんな傷に対しても、愛情こそが一番の薬です。

どんな子供も、家族に目をかけられ、理解され、真剣に向き合い尊重されたいという気持ちがあります。これは疑いようもない事実です。それらが実現しなかったのであれば尚更、自分を強く持たなければなりません。あなたが関わりを持つと決めた人たちに対して、その気持ちを妥協してはいけません。あなたはすでに十分、愛情の代価を支払っています。相手に、あなたを虐げるための言い訳をさせてはいけません。無力感にうなだれるのではなく、積極的に自分の人生の舵取りをしましょう。過去は変えられませんが、今これから誰と関わるか、彼らにどのような扱いを受けるかは、あなた自身で決められるのです。

毒家族から受けた悪影響を含め、あなた自身にもっと意識を向け、素直になり、そして自分を尊重しましょう。意識するだけで、自分や他の人を傷つけることが減ります。あなた自身がなかったことにしてしまったら、他の人にも同じように無視されたり言い訳されたりしてしまいます。それよりも、周りの目もあなた自身の目もしっかり開けて、卑劣なダブルスタンダードが横行する家庭、ひいては社会によって、あなたが大損害を受けたことを知らしめるべきです。この場合のダブルスタンダードとは、家族との絶縁は倫理的に間違っていると考えられているのにもかかわらず、家族以外の虐待者と縁を切るのは倫理的に許されているどころか推奨さえされているということです。家族も他人も、虐待者に変わりありません。家族だろうと、虐待をする人間に正当性を与えてはならないのです。

真実を話してこそ、人を愛し、愛される方法を知ることができます。ただし家族に支配されて育った人たちにとっては、言うほど簡単にできることではありません。

歪んだ家庭で育ったことは、そのあとも長く心に打撃を与え続けます。そこから抜け出すには、自分を守ろうとして正当な理由なく衝動的に人間関係から身を引くのをやめましょう。ただし、不健全な人間関係は切っていく必要があります。あなたを尊重しない人からは、即刻離れてください。一方で、愛情や人との関わりを一切遠ざけようとする衝動を抑えるのもまた必要なのです。

人間関係を維持するべきか、維持する努力を続けるべきか、それとも捨てるべきかの判断は非常に厄介です。なぜなら、あなたは自分自身の直感を信じられないからです。相手と長く関わりすぎたり、関係を早く絶ちすぎたり、あるいは相手に全く情が湧かなかったりするのは、複雑性ＰＴＳＤ（心的外傷後ストレス障害）によるものです。ピート・ウォーカー氏は複雑性ＰＴＳＤをこのように説明しています。「ＰＴＳＤをより深刻にしたものです。精神が発達する段階を健全に過ごすことができなかった場合に発症します。中でも5つの最も厄介な症状が、いわゆるＰＴＳＤとは異なります。複雑性ＰＴＳＤを患っていると、感情のフラッシュバック、毒になる恥、自暴自棄、悪意のある自己批判、社交不安障害などの症状が表れます[16]」。これ以外に、他のタイプのＰＴＳＤと共通する、フラッシュバック、トリガー、心が深く傷ついた反応などの症状が見られます。複雑性ＰＴＳＤについて詳しく見ていきましょう。

## 感情のフラッシュバック

感情のフラッシュバックとは、突然、虐げられたり、支配されたり、捨てられたりしたときの気持ちが湧き起こることで、しばしば長いことその感情でいっぱいになります。恐怖、恥、疎外感、パニック、憤り、悲しみ、鬱などの感情に呑まれることもあります。恐怖に呑まれると、強い不安とパニックに襲われます。中には死にたい気分になる人もいるほどです。絶望に囚われると、心が麻痺したり、体が固まって動かなくなったり、世界の誰の目にも触れないところに隠れたくなったりする場合もあります。そのきっかけとなるトリガーは様々ですが、いずれにせよ思考がトラウマを受けた頃に逆戻りしてしまいます。そのとき、自分は経験も力もない、脆くて小さい存在だと感じてしまうのはよくあることです。襲いくるネガティブな感情には、度重なる屈辱や、胸が押しつぶされそうなほどの毒になる恥や、「私はどうしてまともじゃないのか」「私はどうしてこんなふうになってしまったのだろう」「どうして誰にも愛されないのだろう」といった思考がついて回ります。心を深く抉るフラッシュバックを経験すると、自分は出来損ないだと信じていた頃の自分に戻ってしまうのです。

## 親からの侮蔑が毒になる恥を生む

子供の頃、あなたが家族に愛や絆を求めたとき、親兄弟や他の家族から侮蔑や苛立ちを向けられたことがあるなら、そのせいであなたは不安になったり、人との繋がりの希薄さに悩まされたりしたことでしょう。家族から侮蔑的な目を向けられたり、そのような態度をとられたりすることは、子供にとってはトラウマになってもおかしくないほど酷な経験です。大人でさえ間違いなく傷つくでしょう。侮蔑とは、苛立ちや嫌悪や怒りなどの感情を言葉や態度に表したり、相手を罵ったりなどが当てはまる精神的虐待です。これは、相手を支配したり、相手の立場を弱くしたりするための手段です。普通、家族に憤りを向けられると体がすくみます。家族に嫌悪を向けられると、深い恥の感情でいっぱいになります。恥が心に巣食ってからというもの、あなたは家族の愛も絆も求めることをやめました。拒絶されたときの痛みに耐えられないからです。

## 自暴自棄

毒家族はあなたが絆を求めたり、認められようとしたりするのを妨害します。その結果、あなたは大人になってからも、この先一生人と繋がることなどできないのではないかと恐怖し続けるのです。ネグレクトも同じような恐怖を植えつけます。常日頃から家族に無視されたり軽んじられたりしていると、自分の力では何もできないような、凄まじい無力感と恐怖に包まれてしまいます。自暴自棄になると、本当のあなたや、あなたの権利や欲求を自ら抑圧したり、無視したり、拒絶したりするようになります。あなたの欲求は常に後回しにされてきたため、あなた自身、自分の欲求を満たそうとしないのです。家族の優先順位にならい、自分よりも他の人の欲求や基準に合わせようとします。そして、植えつけられた恐怖と恥によって、自己批判がむくむくと頭をもたげます。あなたが捨てられたのはあなた自身に責任があるのだと、内なる声が囁くのです。

## 自己批判

誰しも生まれたときは、自分自身が世界の中心でした。起こることすべてを自分の視点から見て解釈していました。そんな中でたっぷり愛され応援され、世界中の誰よりも愛されているような気分で育ったなら、自分が世界の中心なのだと信じるのは自然なことです。深く確信しているがために、外からそれを否定するようなことを言われたなら怒りくるうでしょう。自分に対する否定的な言葉は、健全な家庭の中で信じるに至ったことと食い違うからです。この怒りによって、人はそれまで学んできた通りに、自分自身に対する元の肯定的なイメージを維持することができます。

一方で毒になる家庭で育った場合は、家族から向けられる嫌悪感のせいで自意識が損なわれます。その結果、外の世界からの否定的な言葉を信じてしまいがちです。外の声と内側の自分の声がともにあなたを非難するため、不当な扱いを受けたときに抗議すべきだと頭ではわかっていても受け入れてしまうのです。脳内で聞こえる自己批判は、幼児期から始まります。

幸せのヒント

毒家族はあなたへの虐待の罪に問われず、
それどころかあなた自身があなたにとって最大の敵になってしまいます。

悲しいことですが、自分自身を批判的に、狭い視野で見るように育ったことで、その後のすべての人間関係と交流に影響が表れます。自己批判的だと、あらゆる否定的なレッテルを貼られてもそれを自ら剝《は》がすことが難しくなります。次の表は、毒家族に育てられた場合と健全な家族に育てられた場合の、周りからの評価を比較したものです。

幸せのヒント

否定的なレッテルを貼られると、
何の問題もない人でも自分に問題があるように感じてしまいます。
これほど悲しいことはありません。

## 毒家族に育てられた場合の評価

- 偉ぶっている
- 喧嘩腰
- 要求が多い
- 大げさで芝居がかっている
- 怖がり
- 神経質
- 騒がしい
- 衝動的
- 敵対的
- 反抗的
- 頑固
- おしゃべり
- 告げ口をする
- 注意力散漫
- 気を引きたがる

## 健全な家族に育てられた場合の評価

- 生来のリーダー気質、想像力に富んでいる
- 強い信念を持っている、大胆不敵、意志が強い
- 願望がはっきりしている、率直
- 表現力が豊か、熱心
- 慎重、思慮深い
- こだわりがある
- 元気はつらつ、情熱的、活動的
- 自発的、直感的
- 異なる視点を持つ
- 我が道を行く
- 根気強い、不屈、揺るがない
- 話し好き
- 正義やルールを重んじる、公正
- マルチタスク、あらゆる物事に注意を向けている
- 欲求を伝える、絆を求める

## 社交不安

毒家族のいる家庭で育つと、多くの場合、人に対する恐怖が心の奥底に植えつけられます。精神的な虐待を受けた人は、トラウマと裏切りの記憶のせいで、自分の周りに壁を作って自分を守ろうとします。鎧を身に纏うことで、自分に近づきたがる人に対する見方も変わってしまいます。人と接するときに、決して引っ込み思案というわけでも、もったいぶっているわけでも、わざと気難しく振る舞っているわけでもありません。ただ自分自身を守ろうとしているだけなのです。人にどう思われているのだろう、誤解されているのではないかといった不安に苛まれることがたびたびあるでしょう。

守りを固めておくべきか、それとも緩めるべきかの判断は難しいものです。相手や相手の考えに怯えてすぐに遠ざけるのではなく、あなたの信用を得るチャンスを与えてあげることをお勧めします。十分に時間をかけて交流すれば、相手の本当の姿は自ずと見えてくるでしょう。

## 複雑性ＰＴＳＤから立ち直るための３つのステップ

家族から与えられなかったものは、専門家が言うところの「回路の書き換え」という素晴らしい手法によって、手に入れることができます。例えば、感情のフラッシュバックの発作に襲われたとき、内なる声の自己批判的な言葉を生産的かつポジティブな言葉に置き換えるのです。次の3つのステップを使って、子供時代の記憶が再生されるのを妨害します。

元の暗い気持ちに落ちていくのを感じたとき、次のことを試してみましょう。

1. 自分がネガティブな思考に陥っていることに気づき、自分の思考の手綱を握りましょう。それができたら、次のステップです。
2. 自分の思考に根拠があるのか確認しましょう。思考や感情が、本当に今回遭遇した出来事を受けてのものなのか、それとも過去を投影しているのか、あるいはその両方なのか、自問自答してみてください。そして思考を確認するときはもう1段階踏み込んで、あなたの思考が役に立っているか、あるいは足枷になっているかを考察してみましょう。もしあなたのネガティブな思考が過去の傷によるもので、現在の望みは問題なく叶えられているなら、次のステップに進みます。
3. 恐怖に支配された思考を、事実に即したポジティブな思考に置き換えましょう。

自分自身と生産的かつポジティブな会話をする練習を積み重ねていくうちに、あなたの人生も根本的に好転していきます。この3つのステップは、思考回路を書き換え、心の声を愛情と慈愛と忍耐と理解に富んだ内容に変えるための公式だと思ってください。これを使うと思考回路が柔軟になります。そしてどんな状況でも、湧き起こる感情や結論を急ぐ衝動を自らの意志で制御できるようになるための、いい訓練になります。

## 複雑性ＰＴＳＤから立ち直るための再養育

感情トリガーを舵取りするための回路の書き換え方法として、もう1つの効果的かつ実用的な手法が、「再養育法」と呼ばれるものです。家族から情をかけられ世話されなかった分、自分で自分に愛情を与えてあげるのです。あなた自身が、あなたの「健全な母親」と「健全な父親」になりましょう。たとえで両親を出しましたが、あなたの成長に悪影響を及ぼした人なら、兄弟や他の親戚でも構いません。また、現実では従来の性別による「養育者」と「庇護者」の違いはなく、母親と父親がどちらも担っています。ただし養育者と庇護者はどちらも欠かせない役割ですから、あなたの再養育においては、これらの基本的な役割を担う存在をあなたのイメージに沿って好きに作ってみてください。性別で分けても構いませんし、性別がなくとも構いません。もしくは人間以外で、動物の精霊、天使、神のような存在をイメージしてもいいでしょう。

### 健全な母性

私たちは本能で、母親から無条件に愛され支えられたいと願います。それが叶わないのは、想像を絶する痛みになります。母親の愛を受けられないというのは、あのやわらかい温もりに抱かれて守られているような安心感を知らずに生きることです。誰しも生まれて最初に受ける愛情は母親の愛であり、最初にあなたを抱き締め、守り、育て、恐怖を振り払い、痛みをやわらげてくれるのもまた母親なのです。母親は、子供にその子だけの存在意義を与える初めての存在です。子供が自分自身の本当の価値を知ることができるのも母親のおかげなのです。たとえ周囲から浮いてしまっても自分だけの道を行く決断をするとき、母親は背中を押してくれるでしょう。そして子供の幸せのために戦い、子供が自分らしく在ろうと突き進むための力をくれます。

自分が無条件に愛されてしかるべき、価値ある存在だと強く心に刻むためには健全な母性が必要です。しかし虐待サバイバーの多くは、幼少の頃に母親の愛情を享受できなかったため、そのような自尊心が欠けています。

幸せのヒント

「ママに会いたい」という気持ちは、
何歳になろうと、どれほど時間が経とうと、
あるいはどれほど離れ離れになろうと、持っていていいのです。

日記をつけるのは、自分自身に母親の愛を注ぐ際にお勧めの手段です。誰か話し相手が必要なとき、母親に話したいと思うのは本能と言ってもいいでしょう。もしあなたの母親が毒親だったり、あるいは虐待からあなたを守ってくれなかったりしたのだとしたら、彼女に頼ることはできません。そんなときは代わりに日記に話しかけましょう。日記の中では、健全な母親に話したときと同じように、あなたの心の中の声は無条件に受け入れられます。日記に書くというのは、今まさにじくじくと痛む傷を相談し、全面的に労る行為です。痛みを抱えていること自体に引け目を感じ、恥を呼び起こす行為ではありません。思いを書き出すことで、あなた自身が自分の弱さに親身になり、壊れた心のピースを繫ぎ合わせる機会を得られるでしょう。

あなたの中の母性と繫がる方法を他にもいくつか紹介します。

○素晴らしい母性的な助力を周囲からたくさん受ける。
○ダンス、ヨガ、瞑想、運動などを通して体を動かし、体と繋がる。
○トークセラピーを試す。
○自分の子供や友人、恋人に、過不足なく母性的な愛情を注ぐ。

## 健全な父性

勇気や勇敢さといった資質は、成長するごとに重要になっていきます。生きていく上で、健全な父性があなたを大いに守るでしょう。しかしあなたの父親が子育てに消極的だったり、ネグレクトをしたり、暴君だったり、暴力的だったりしたならば、あなたはおそらく自分を無防備に感じたり、臆病になったり、衝突を嫌ったりしたはずです。あるいはあなたをヒーローのように助けるはずの人間の目に、自分が全く映っていないように感じたでしょう。あなたの中で父性との関係を正すために、次の方法を試してみてください。

○人間関係や金銭、仕事に関わる選択については、自分自身で決断する。
○本当の自分がどんな人間か、大胆に主張する練習をする。
○自分の望みを周囲に伝える。
○怒りを感じたら、自分にとっての許容限度を知ることができたと肯定的に捉える。

勇敢な人は、自分の人生において誰が本当の姿を晒していて誰が偽っているか、すぐに見分けることができます。これは才能です。父性は物事を見通す力を与えてくれます。父性の前に、陰口や回りくどい芝居は存在しません。ただ物事の本質が明らかになるでしょう。このような洞察力は、あなたが本当の自分として快活に生きようとするのを阻む人や状況から抜け出すときに役立ちます。

## アファメーション

アファメーションとは、自分自身に言い聞かせる言葉のことです。心の中でも、実際に声に出しても、あるいは書き出すのでも構いません。あなた自身を励まし、肯定し、精神的に支えるための言葉を言いましょう。アファメーションを繰り返すことで、より生産的な方向に思考回路が書き換えられます。アファメーションで思考を変えていく訓練は、複雑性ＰＴＳＤを克服する上で有効です。次のような言葉を口にすることで、自分自身に家族のように寄り添って導いてあげられるように、思考回路を書き換えていきましょう。

○私は善良な人間だ。
○私はいつも全力を尽くして自分自身の味方になっている。
○愛され守られるのに、完璧である必要はない。

○どんな感情が湧いても大丈夫。
○私自身と向き合えるのはいつだって嬉しい。
○怒るのは悪いことじゃない。
○間違いを犯しても大丈夫。そうやって学んでいけばいい。
○助けを求めてもいい。そうしたら私も私自身に手を差し伸べる。
○私には私の好みがある。
○私自身を見るのは楽しい。
○私には私の価値観がある。
○私は自分を誇らしく思う。

小休止

家族から、言葉であれ他の手段であれ伝えられたことのある言葉で、この一覧の内容とは正反対の否定的な言葉があったら、思い出してみましょう。そうすることで、毒家族から伝えられたメッセージが、健全な家庭なら本来どのような健全なメッセージに置き換わるのかがわかります。

思考回路を書き換えるときに最も重要なことは、決して自己批判をしたり自暴自棄になったりして、自分のことを悪く言ってはいけないということです。あなたが自分自身とする会話以上に大切な会話はありません。結局のところ、自分の価値を決めるのは自分なのです。

幸せのヒント

毒家族の被害から脱するために立ち上がる必要はありますが、被害を受けたことについて、取るに足らないことだと軽視してはいけません。

傷をより早く治すためには、忍耐強く自らに優しくし、肯定的な心の声を持ちましょう。恐怖やパニックに襲われても、さほど苦しんだり自分を責めたりしないよう、訓練できます。そうなれば、新しい人生を歩むための旅路をもっと楽しむことができるでしょう。何より、あなた自身の頑張りによって、人生をあるべき姿に戻せるのです。立ち直るために頑張ったことを誇りに思ってください。あなたは称賛に値する人間です。

## 毒家族サバイバーとして立ち直るために

毒家族の仕打ちに耐えてきた人は、混乱と虐待に満ちた自身の子供時代の現実について、できる限りの情報を得るべきです。あなたは洗脳され、自分ではどうしようもないことについて、不確かな物事に振り回されてきました。何があなた自身の制御下にあるのかを知ることで、安心感を取り戻すことができるでしょう。家族を失ったことがなぜこれほどまでに辛く、心を揺るがすのか、それを知るのは極めて大切なことです。

幸せのヒント

自分自身に何が起こったのか理解できないうちは、人生を修復することはできません。

私はこの分野の専門家ですが、それだけでは自分の毒家族がどんな行動をとるか予想できませんでしたし、自分の経験について人に話したり、傷を抱えながら生きていくこともできなかったと思います。自分と周りに嘘をついて、家族から受けた傷など何ともないし、そんなことに振り回されたりもしないと言うこともできました。ですがそれは真実からはほど遠いのです。私がどう思おうと彼らは私の家族で、たとえ絶縁状態にあったとしても、彼らの行動を予想できていたとしても、彼らに残酷で意地悪なことをされると心が痛むのです。家族に傷つけられると、大人として傷つくのではありません。その家族の子供として、娘として、姉妹として、孫として、姪として、母親として、あるいは、いとことして、私は傷つきます。周囲の人たちは「家族がひどい人たちだということはもう十分知っているのだから、いい加減に乗り越えるべき」と言うかもしれませんが、彼らは無神経にも、あなたの経験、過去、そして現在を軽んじているのです。誰かにそう言われるだけで、傷口は開くのです。そういうものなのだと知らない限り、傷は癒やせません。だからこそ、エリクソンの発達理論を説明してきました。その知識を得ることで、あなたの心の傷はいつ、どのように、なぜできたのか、そしてどのように大きくなっていったのかが見えてくるはずです。

　また、家族と絶縁したことについて、本当に正しい選択だったのか自問自答しすぎないのも大切なことです。多くの人は、自分の経験と感情が思い込みに過ぎないのではないかと、何度も何度も自問します。自分が経験したことは、家族を捨てるほどひどいものだったのか、疑問に思うのは至って普通で健全なことです。

あなたの子供時代が桁外れに異常でない限り、絶縁するほどひどい家庭ではないと思う人もいるでしょう。そのせいで傷口をさらに抉られます。悲しいことに、現代において親の離婚や再婚は珍しくなく、多くの人たちが性的虐待や不貞行為、離婚訴訟、金銭的虐待、身体的虐待、依存症などに家庭を壊され、トラウマを植えつけられています。こういったケースがあまりにありふれているせいで、精神的な虐待はもはや家族と絶縁するほどの理由にはならないと思われがちです。あなたの育った環境が、例えば『エデュケーション大学は私の人生を変えた』という本で[17]タラ・ウェストーバー氏が綴ったような、誰の目にも異常な家庭環境で恐ろしく過激な経験を強いられでもしない限り、あなたが受けた虐待は軽視され、家族との絶縁に社会の支持を得られない可能性が高いでしょう。その上親が慈善活動やＰＴＡに参加していて、虐待が明るみに出ていない場合、ウェストーバー氏と同じように絶縁したとしても周囲の理解を得ることは難しいでしょう。

ブレネー・ブラウン氏は、著書『Braving the Wilderness（仮邦題：居場所を探す旅と１人で立つ勇気）』（未邦訳）の中で、家族からの仕打ちや社会からの批判のせいで傷つくのは当然だと述べています。

「貧困、暴力、人権侵害などの苦しみの中にあっても、家族の一員になれないことは群を抜いて苦しいことです。その苦しみは私たちの心と魂と自尊心を粉々に砕きます。そうなるともう、そのあとに続くのは次の３つのうちのどれかです。どれも私が、仕事を含め、これまでの人生で経験したことです。

1．常に痛みを抱え、心を麻痺させたり他人のせいにしたりすることで気を晴らそうとする。

2．痛みを否定し、それによって痛みが周囲の人間や子供に引き継がれる。

3．痛みを抱える覚悟をし、自分自身と他人に情と慈しみを持つことで、独自の方法で世の中の痛みに気づけるようになる。[18]」

この3番目に到達することが最終的な目標です。ここまで立ち直るには時間も努力も必要でしょう。傷を癒やすことを考えると、途方もない道のりに思えるかもしれません。安心してください、そう思うのは普通のことです。立ち直るための旅を始めたからと言って、これほど大きな人生転換を競争のように急ぐ必要はありません。痛みを終わらせるために、できる限り早く立ち直りたいと思うでしょう。それも自然なことです。しかし残念ながら、あなたの心の核についた傷と、それに伴う感情のフラッシュバックを克服するのに、近道は存在しません。「立ち直る」にはいつだって行動が必要なのです。ですから一緒に、あなたの孤独と疎外感を癒やすために、もう一歩踏み出しましょう。

# 第9章 見捨てられる恐怖からの脱却

あなたの家族が外側からは完璧、もしくは「普通」に見える場合、社会はあなたより家族のほうをまっとうだと判断し、そんな家族と絶縁したあなたは社会からその選択を咎められるでしょう。残念ながら、家族が依存症や精神障害を患っているといった誰の目にも明らかな問題があったほうが、虐待サバイバーにとってはあらゆる意味で簡単に事が運びます。そのほうが社会は必死なあなたを快く助け、受け入れるからです。他人の目に明らかでない虐待を理解し、証明するのはそう簡単にできることではありません。隠されているものを証明する確固たる証拠もありませんし、何と説明すればいいかもわかりません。精神的虐待の明らかな証拠がないと、家族と社会の両方から疎外され、孤独を味わうでしょう。ですが、時間や手間を他人のために惜しまなかったり慈善活動を行ったりして社会に貢献していると思われている人でも、家の中では毒親や毒兄弟、その他毒家族に変貌するというケースは決して少なくないのです。

小休止

あなたが受けていた仕打ちが本当に虐待なのかわからなかったために、どれほど長いことひどい扱いに甘んじてきたのか思い出してみましょう。

除け者にされ、支配され、非難され、利用され、いじめられて生きてきたのなら、あなたが受けてきた仕打ちは虐待であり、同時にあなたを見捨てる行為でもあります。このような仕打ちを受けてきたのなら、十分に決定的な境界線を設ける理由になります。結局のところ、毒家族から離れようが離れまいが、「捨てられた」という気持ちは必ず味わうことになります。「捨てられる」というのは、必ずしもかごに入れられて誰かの家の玄関口に捨て置かれたり、一生家族と会えなくなったりすることではありません。自分の拠り所となる居場所がない――誰かに時間や愛情や意識を注いでもらえるだけの価値を見出してもらえない、邪魔者扱いをされて鬱陶しがられることこそが、「捨てられる」ということなのです。

１つ、見極めポイントとして、大人になってからの人間関係に、特段理由もなく深い孤独を感じたときこそ、立ち止まって傷を癒やすべきタイミングです。

私のクライエントのエリッサは、実際には捨てられていなくとも捨てられたような気持ちになることがありました。恋人と仲睦まじくソファに座っていても、心が繋がっていないような気がしました。恋人が忙しい仕事のあとに気が緩んで口数が少なくなると、エリッサは「彼を遠くに感じる」と言います。静かな彼を見ると、エリッサは不安に心を揺さぶられました。それを彼に伝えると、彼は苛立ちます。彼のほうは心が通じ合っているように感じており、ただ2人で一緒に夜を過ごしているだけで、なぜ彼女がそんな気持ちになるのか全く理解できないからです。「全くの無言というわけでもないから、理解できない。彼女がそんなことを言うと、自分がいつも彼女の期待に応えられていないような気持ちになる」と彼は言います。

エリッサの両親は、彼女の心に寄り添ってくれない人たちでした。彼女は親からもらえなかった安心感、注目、保証を他の人間関係の中に求めます。この類の問題を抱えるのは、子供時代に十分な助けや世話を受けられなかった証拠です。エリッサと同じく、あなたも自分を癒やすことで心の穴を埋める必要があります。でなければ、どれだけ愛や注目や安心感をもらっても、足りないと感じてしまうでしょう。

## 捨てられる痛み

スーザン・アンダーソン氏の名著『わかれからの再出発――見捨てられ傷ついた心をいやす５つのステップ』[19]に、心理的に見捨てられることの辛さと、その辛さを乗り越えるためにその先の人生で感じ続ける悲しみについて詳しく書かれています。捨てられる悲しみと死別の悲しみは全くの別物です。誰かが死んであなたの人生からいなくなるときは、あなたを傷つけるために死ぬわけではありません（自殺は別かもしれませんが、ここでは関係ないので触れません）。病気や事故、暴力、老衰で人が死ぬのは、人生の自然な帰結であり、死んだ人のせいでもなければあなたのせいでもありません。要は、あなた自身の欠点のせいでその人の死を招いているわけではないのです。

ですが心理的に見捨てられるときは、あなたが深く愛し必要としている存在が、自らの意志であなたから離れ、自分の人生からあなたを排除することを選んだということです。このような拒絶を経験すると、言いようのない悲しみと絶望に襲われます。誰かに捨てられると、あなたはその人物との繋がりを失うだけでなく、自分自身の価値と重要性すら失われたように感じてしまうのです。

アンダーソン氏は、悲哀はそれだけで１つの症候群だと言います。捨てられる悲哀が独特なのは、恐怖と怒りを自分自身に向けがちだという点です。自分を攻撃するという特徴が、死別の悲しみとは大きく異なります。捨てられた経験のある人は傷つきやすく、思いやりがあり、人を愛したいと思っています。ただし中には、捨てられた悲しみがあまりに長く続くせいで、長期的な愛を見つけ、維持することができない人もいます。[20] 捨てられて心が傷を負うと、自分は愛され受け入れてもらえる人間なのかという疑念が生まれます。そうして見えない欠点を探したり想像したりすることが、自己嫌悪の始まりです。それでまた傷つくのです。

## 自己嫌悪を考察することで自分を愛せる

自己嫌悪は主に、性的・身体的・精神的虐待やネグレクト、捨てられるなどのトラウマに原因があります。捨てられる気持ちを味わうと、守ってくれる人も飢えに気づいてくれる人もなく、一生独りなのではないかという根源的な恐怖が湧き起こります。そしてこの恐怖から、激しい怒りの感情が生まれます。これほどまでに大きな不安、孤独感、自暴自棄な気持ちを抱えなくてはならないことに怒りを感じるのです。愛情にしがみつこうとして、あまりに無力な自分に呆然とするでしょう。

無力感によって、さらに自己嫌悪が加速します。あなたの毒家族が見返りなしには愛してくれなかったことを考えれば、自分を痛めつけたり、自分の欠点ばかりを気にしたり、最悪捨てられたのも当然だと思い込んだりして自分を厭《いと》うのが癖になっているのも頷けます。あなたは自分自身を敵に回してしまったのです。自分の何が悪いのかはわからないまま、人格にひどい欠陥があるのだと信じ込んで生きています。そして捨てられる恐怖を味わうたびに、自分に何かしら取り返しのつかない欠点があるせいで愛されないのだと誤解してしまうのです。

幸せのヒント

常日頃から家族に非難され続けていると、家族を嫌いになるのでなく、自分自身を嫌いになってしまうのです。

見捨てられ、精神的に追放されて打ちのめされると、虐待をそれと認識できなくなります。それどころか、あなたを精神的に置き去りにした家族に必死にしがみつきたくなるでしょう。家族が愛してくれさえすれば、平穏な人生を送れると勘違いするのです。ですが残念ながらあなたの家族は、認められようと必死にしがみついてくるあなたに下っ端としての利用価値を見出し、ほくそ笑んでいることでしょう。家族を求めるということは、無意識に彼らの支配を受け入れることです。なぜなら大人になってからも何度も家族との関係を修復するために、彼らにとっての「いい子」を精一杯演じなければならないからです。

### 幸せのヒント

あなたの家族は完璧からはほど遠いにもかかわらず、あなたに完璧であることを求めるのですから、皮肉でしかありません。

捨てられると心をずたずたに切り裂かれ、こんな思いはもう他の誰にもさせたくないと感じるでしょう。そのせいで虐待サバイバーの多くは、家族と離れることで彼らに同じような捨てられる痛みを感じてほしくないと考えてしまい、絶縁という重要な決断を踏みとどまってしまうのです。ですが、肝に銘じてください。あなたが毎日受けている虐待や見捨てる行為に対して境界線を引くのは、ただ単に怒りに任せて衝動的に誰かとの関係を切るのとは全く違うのです。

## 絶縁＝《イコール》家族を捨てることなのか？

毒家族と縁を切るとしても、それは彼らを捨てるということではありません。あなたが彼らにこれ以上捨てられないように、接触不可のルールを作るのです。毒家族は精神的に人を捨てる行為に精通しています。自分たちの振る舞いがどういう影響を与えるか決して省みず、惨い仕打ちをしているという自覚も罪悪感もありません。彼らにとっては自分たちの行動こそが正義であり、その結果相手を傷つけたとしても気にならないのです。単純に、思いやりの心がないのです。真実ですらどうでもいいと思っています。相手を傷つけている感覚が麻痺しているせいで、彼らは自分たちをまっとうな人格者だと思い込んでいます。虐待と支配の事実を頑なに否定する家族は、被害を一身に受けるあなたからしたらひどく冷淡に見えるでしょう。皮肉なことに、虐待者から離れたあとも、捨てられたような気持ちになることがあるかもしれません。なぜなら、家族があなたと関係を修復するよりも自分たちの正しさを優先するという事実を突きつけられて、何度でも捨てられた気分を味わうからです。

幸せのヒント

虐待サバイバーたちは、
孤児のような気持ちで生きています。

多くの場合、捨てられた痛みが完全に癒えることはありません。表面の傷口は塞がっても、その下では傷口がずっと疼き続けます。誰かの家族に会ったりして、家族の存在を思い出すような機会があると特にそうです。知り合いの健全な両親が、子供のために助力を惜しまない様子を見たとき、あるいは知り合いが兄弟やいとこ、その他の親戚と仲がよく、美しい家族愛を目にしたとき、傷が開くことがあります。そういった光景を目の当たりにすると、あなたがかつて手にできなかったものを思い出してしまうのです。

ですが、希望を失う必要はありません。傷を効果的に癒やすには、次のことを試してみてください。

**○あなたを捨てた人に宛てて手紙を書き、焼き捨てましょう。**

この儀式を通して、あなたの「理解されたい」「繋がりたい」という願いを発散させることができます。家族にそれを期待できないのなら、宇宙に求めればいいのです。

**○あなたの心の奥底にある、無防備で根深い願望に宛てて、励ましと労りの手紙を書きましょう。**

繊細な感情宛てに手紙を書くことで、感情が落ち着き、自分のことを肯定的に話す練習ができます。

**○捨てられた痛みに紐づくあらゆる感情を持つことを自分自身に許してあげましょう。**

毒家族に自分の感情をはっきりと伝えると咎められ、あなたの言葉が歪められてしまいます。どんな感情でも感じるままに受け入れましょう。

**○あなたの中の傷ついている部分である「内なる子供」を見つけましょう。**

自分がどんな痛みを抱えているのか特定し、その痛みに愛情と慈しみを注ぎましょう。

**○あなたの内なる子供のイメージとして、健全で強い、有能な子供を想像しましょう。**

多少尖っているくらいのイメージがいいでしょう。あなたの内なる子供はこれまでいくつもの苦難を乗り越えてきており、強さと忍耐力には目をみはるものがあります。

**○思考と感情を把握するために、立ち直るためのステップを書き出してリストを作りましょう。**

リストを作るのは非常に効果的です。目標が明確になり、希望と、未来のためのアイディアが生まれます。

**○パニックになって暴走する感情を落ち着かせるように、あなたの痛みに語りかけ、なだめましょう。**

感情をなだめ、自分自身を安心させることは立ち直る上で必須です。必要だと思ったらいつでも自分のために行いましょう。

捨てられ、拒絶された痛みを癒やす決意をすると、今度はその痛みを誰かに認めてほしくなります。自分が痛ましい経験をしたことを誰かに認めてほしいと思うのはごく自然なことです。壊れた家族で育ったあなたは無意識下で、あるいは意識的に、誰でもいいので、守られているように感じさせてくれる人を求めているのです。

小休止

あなたを傷つけた張本人は、あなたの感じている痛みを認めてくれましたか？　認めてくれなかったとき、それによってあなたはどのような影響を受けましたか？

私も含めて虐待にあってきた人たちがトリガーによって感情の渦の中にいるときは、自分の大切な人に、子供に接するかのような優しさとやわらかさで接してほしいと感じます。残念ながら、なかなか理解してもらえることではありませんが。痛みに苦しんでいるときは、履歴書に書くような、大人として成し遂げたこと、積んできた実績などは何の意味も成しません。本当に重要なのは思いやる心です。あなたは自分の経験をきちんと真剣に聞いてもらう必要があります。誰かから応援されると、あなたへの理解が深まり、そこに絆が生まれます。信頼関係も築けるでしょう。除け者にされる不安なしに、あなたが本当の経験を話すことのできる神聖な場ができるのです。簡単に聞こえますが、多くの人が、大人としてそのような健全で温かい人間関係を築くのに苦労しています。

## あなたを承認する人間関係

虐待にあったことのある人は、新しい人間関係を築く際にも、相手の心に寄り添おうとしない、愛情にむらがある人を引き寄せてしまうことがよくあります。そのせいで、うまく機能しない人間関係から抜け出せず、誰からも愛されないといった辛い感情を思い出すことになります。虐待サバイバーは何よりも、自分を支え、肯定してくれる、心を満たす人間関係を欲しています。にもかかわらず、そんな人間関係をなかなか築けないのはなぜなのでしょうか。いくつか考えられる理由を挙げます。

### ○過去に家族から虐待を受けた。

無意識にあなたを育てた人と似たタイプの人に引き寄せられ、子供時代の痛みをそのまま抱え続けるのはごく自然なことです。あなたは混沌とした環境で常に緊張しながら育ち、そんな混沌とした状況に不健全な愛着を持ってしまうのです。緊張状態には中毒性があります。そんな状態を解決したいと願う気持ちもまた手放しがたい感情です。あなたはその誘惑を振り切れずにいるのです。

### ○誠実で、疑われると傷つく。

常日頃から周りに批判され、現実を捻じ曲げられて生きてきたために、自分の意見や感情やアイディアを周りに信じてもらえるか、受け入れてもらえるか、強い自己疑念と不安に駆られます。その恐怖から、自分の見解を信じてもらいたいときに下手《したて》に出すぎて相手の言いなりになってしまうことがあります。

### ○無償の愛など存在しないと思っている。

あなたは期待に応えることでしか愛情を受け取れませんでした。そして大人になってからの人間関係にも、この間違った公式を無意識のうちに当てはめてしまっているのです。そのため、あなたにやるべき仕事を課してきて、しかもそれを不満に思うことを許さないような人を選びがちです。

### ○完璧主義のきらいがある。

どれほど頑張っても足りないと感じるせいで、頑張りすぎてしまうことがあります。何でもかんでも頑張りすぎてしまうと、周囲から「使える人間」だと思われて利用されてしまいます。誰かの言葉で「自分は完璧じゃない」と思ってしまったら、反射的に行動してしまうでしょう。よく言われるように、完璧主義は身を滅ぼします。

### ○他人の世話を焼きたがる。

毒家族は普通の家族とは何もかも逆です。毒親や兄弟、その他の親戚は、不合理なストレスや問題を子供や他の家族に負わせることに何の疑問も感じません。そのため、あなたにとっては家族の世話をするのがあたり前になっており、他人に対しても世話を焼く癖が出てしまうのです。

**○自分の考えを主張したり、境界線を設けるのが苦手。**

精神的虐待を行う家庭において、自分自身の意見を主張することは一切許されていません。自分のために声を上げた瞬間、あなたの努力は無視され、非難され、罰せられたでしょう。そのせいで、人間関係においても人に批判されたり拒絶されたり捨てられたり罰を与えられたりすることを恐れています。そしてこういった反応を恐れるあまり、境界線を設けることも怖いのです。

**○捨てられるかもしれない状況を避ける。**

見捨てられることを恐れながら育ったため、捨てられないためなら何でもするでしょう。たとえあなた自身を犠牲にしてでも。それによって共依存的な関係に発展します。拒絶されるのを恐れるあまり、真実の愛よりも偽りの安心感を求めてしまうのです。

小休止

あなたが自身のためにならない関係に甘んじてしまう理由として、根本にこれらの原因がないか考えてみましょう。そして自分をどう変えていけるか考えましょう。あなたは本来、健全で幸せな人間関係を築くことで、自分自身を重要で愛される存在と見なせるようになるべきなのです。ですが誰にも認められたことがないと、自分の価値を見出すのは難しいでしょう。

これらはすべて、不承認が原因となった悪循環です。不承認とは、愛する人にあなたの感情やアイディア、気持ち、痛み、伝えたいこと、意見などを否定されたり、軽視されたり、批判されたり、無視されたりすることです。愛する人にあなたの声を聞いてもらえなかったり、誤解されたり、経験を一蹴されたり、望みを無視されたりするのは、この上なく辛いことです。何かを望むのは決して悪いことではありません。ですが何度も言ったように、誰かからの承認を切望するのは健全とは言えませんし、常に物足りない人に見えるせいで、かえって捨てられる可能性が高くなってしまいます。相手に求め続けることは、人間関係を崩壊させる原因になります。

物足りなさを感じている人からは、人が離れていきます。物足りなさは不安となって表れます。常に不満があり、あれこれ文句をつけ安心感を求め続けるせいで、周囲の人にあなたの心を満たすのは不可能だと思われてしまいます。本当は立ち直る上で、何よりも愛する人と離れたくないはずです。それには、自分自身の渇きを先に解決しなければなりません。自分自身を承認し、安心させ、足りないものは自ら供給することで、心が満たされる人間関係を築ける可能性が大幅に上がります。自らを承認するために、次のことを試してみてください。

○あなた自身の強さ、成功、進歩、努力を認めてあげましょう。

○あなたの内なる経験――思考、気持ち、心理状態などを受け入れましょう。
○あなたを否定されているような気持ちにするトリガーを見つけましょう。
○あなたの欲求を優先し、できる限り自分自身で叶えましょう。
○あなた自身に優しくしましょう。
○あなた自身について、肯定的に話しましょう。
○あなた自身の限界、欠点、間違いなどを受け入れましょう。あなたは人間なのですから。
○自分と他の人を比べないようにしましょう。
○あなた自身の感情と欲求に耳を傾けましょう。
○あなた自身を批判的に見ずに、ただ受け入れましょう。
○あなた自身を友達として扱いましょう。
○これまで愛されなかった分、あなた自身を愛してあげましょう。

幸せのヒント

あなたが成長する限り、いつまでも成長しない人たちとはどんどん相容れなくなっていくでしょう。

家族の幼稚な駆け引きに堪忍袋の緒が切れる頃には、あなたは怒りを抱えたまま独りになるでしょう。孤独に苛まれた人は、やがて意識的に、もしくは無意識に、心の穴を埋めるための代わりを求めます。これは至って自然で普通のことではあるものの、壊れたものを直す健全な方法とは言い切れません。どんなに素晴らしい人でも、家族につけられた傷を消したり、なかったことにしたりすることはできません。自らの不運を完全に受け入れることで、誰かに癒やされたい、手に入れられなかったものを代わりに与えてほしい、と乞うことは減っていくでしょう。あなたはやがて、自分には家族がいて、その家族に裏切られたという事実を砂を呑むかのような思いをしながらも認められるようになります。毒家族はあなたの中にあるわずかな希望をも消耗させます。あるがままを受け入れることで、あなたの希望はあなた自身を癒やすために使えるようになるでしょう。

# 第10章 過去の傷を乗り越える

幼い頃は、あなた自身が愛されない人間なのだと信じてしまいがちです。逆に、家族のほうがあなたを愛せない人間なのだという考え方はなかなかできません。誤った思い込みのせいで、あなたは絶望の淵に叩き落とされたような気持ちになります。しかし、だからといって、実際にあなたが愛されていない、もしくは愛されない人間だというわけではありません。ただ単にあなたの家族が、人を愛せるような人たちではなかっただけです。絶望の淵から這い上がるには、この事実をまず受け入れる必要があります。

あなたには家族がいて、彼らは毒家族で、彼らにつけられた傷は、彼ら以外の誰にも癒やすことができません。その傷を癒やすことができるのは彼らだけですが、当の彼らは決して癒やそうとはしてくれないでしょう。ですが絶望する必要はありません。この現実を受け入れることで、一時の救いが訪れます。私個人としては、携帯電話に家族から着信が入って血圧が上がる、という経験がなくなってほっとしました。ですが、最初のうちは現実を受け入れられず、とても苦しい思いをしました。何年も苦しんだ末にようやく、家族と健全な関係を築くことは不可能で、そのために頑張るのは無駄だと気づけました。あの家庭に健全な人間関係など存在しませんでしたし、それは今も変わりません。

受け入れる過程で、あなたを卑屈にした原因である混沌とした環境が、正常ではなかったことに気づけるでしょう。家族と距離を置いたことで、異常なのはあなたではなく家族のほうだとわかります。そして幸せに生きるのに、必ずしも家族と深い絆で結ばれている必要はないのだと気づけたとき、強烈な解放感を味わうはずです（もっとも、今後も家族との絆が欲しいと思うことはあるかもしれませんが）。そうすると、今度は自らの手で健全な人間関係を築くために、立ち直っていけるでしょう。

**幸せのヒント**

あなたが家族から受けていた仕打ちを他の人にも同じように行い、それを愛情と呼んではいけません。

家族から愛されるために本当の自分を隠して生きなければならないというのは馬鹿げた

話です。絶望の淵から這い上がり幸せな人生のために前へ進み始めると、徐々に、何も恐れずにありのままの自分として生きられる喜びを感じるようになっていくでしょう。

## セラピストと築く人間関係

これまであなたを愛してくれる人はいなかったかもしれませんが、これからはあなた自身があなたを愛せばいいのです。それには自分を認識することと、自分を愛するための訓練も必要です。私は心理学の専門家なので、自己分析は大切だと自信を持って言えます。ですが、心理学者だからといって立ち直るプロセスが必要ないわけではありません。私はセラピストの診察を受けるセラピストであり、そのことを自慢に思っています。私自身、立ち直るために、理想の家族を与えられなかったことを嘆き、絶縁したことで社会から向けられる批判と折り合いをつける努力をし続けています。私の家族は今も生きているので、私が抱える悲しみは、本物の喪失の悲しみとは異なります。セラピーでは、家族とその仕打ちに感じる純粋な嫌悪を正直に吐き出すことができます。家族を愛そうとしても、家族のほうが私を頑なに愛そうとも受け入れようともしないという事実に直面し、私の愛情は怒りやあきらめ、失望へと変化します。セラピーという場においては絶縁はタブーではないため、虐待サバイバーは批判を恐れることなく本当の気持ちや経験を口にできるのです（絶縁は世の中に蔓延しているのに、世間的には大きな声で言えません）。

セラピーは、恥も外聞も捨ててどんなことでも打ち明けていい安全な場です。気持ちを軽くし、より良い人生を送れるように、勇気と洞察を得るための手ほどきとサポートをしてくれます。そしてあなたの家族がいつか、あなたに共感し、寛大で理解があり、合理的で、誠実で、あなたのそばで手を貸してくれて、あなたを愛し、支え、正直で裏表も矛盾もない理想の家族になってくれるのではないかという幻想に呑まれるのを防いでくれます。そもそもあなたの家族はそんな人たちではないのです。

セラピストとの関係は、首尾一貫していて予測可能で、あなたの成長に繋がります。この関係は本来幼少期に信頼や希望を育む上で重要ですが、あなたが家族から得られなかったものです。あなたを弱くするのも勇敢にするのも人との関係性です。毎回初めからセラピストに色々と話したいことがあるわけではありませんし、私のクライエントたちも同様です。ですが最近はセラピーの場で、自身の成長を感じられるような健全で正直な関係を経験できること自体に大いに助けられています。それぞれのセッションの具体的な内容というより、家族の代わりにセラピストと築く矛盾のない安定した関係が、継続的にいい影響となって、あなたが立ち直り、変わるのを助けてくれるでしょう。

小休止

セラピストとの関係があなたをどのように助けてくれるか、考えてみましょう。

## 痛みの原因を特定する

心が折れた状態から立ち直るには、まずあなたの心の傷を呼び起こして手当てし、そこから学ぶ必要があります。意識を逸らして見ないふりをしてしまうと、後々そのせいで人生がめちゃくちゃになってしまう可能性もあります。自己分析の方法は問いませんが、いずれにせよ忍耐が必要です。立ち直るというのは、週末のセミナーで手軽に傷を全回復する、というような一時の処置で済むものではありません。この先の人生、長い時間をかけてつき合い、努力していくものなのです。

幸せのヒント

たとえ辛くとも、
勇気を出してあなたの中の痛みに向き合いましょう。

孤独感を抱え、その上社会から絶縁について常にとやかく言われている立場の人は、自分の傷ついた場所を特定するのもそう難しくはないでしょう。

さらに不公平なことに、残念ながら社会には、家族と縁を切ったのはあなたなのだから傷つくのは自業自得だと思う人たちが大勢います。あなたから絶縁しておいて傷つくのはおかしいと咎めるのです。これらの現実とつき合っていくのは、何度も心を見失っては探して拾い上げるのを繰り返すようなものです。そう感じるのは、自身の決断と、あなたの望みを突き返す社会との間で板挟みになっているからです。自ら絶縁を決意したときに自分の意志を自覚できますが、そのあと誰からの助けも承認も得られなかったときにまた、どうすればいいかわからなくなってしまうのです。ですが家族と絶縁すると決めたときに学んだはずです。誰かを変えることは不可能で、家族がいつか変わってくれるのではないかと希望を持ち続けている間は立ち直ることなどできないと。ただ、これをはっきりと認識できる人はそう多くはありません。

あなたが唯一、影響を与えることができるのはあなた自身です。私たち一人ひとりが、自分自身を一番に変えることができるのだという気づきは、大きな力になります。これからは、自分の状況を変えるために家族が変わるのを待ったり、社会があなたの決断を受け入れてくれたりするのを待つ必要はないのです。

あなたの人生を変えるには、あなた自身の人間性についてどんな固定観念を刷り込まれてきたのか分析することから始めるといいでしょう。

## リミッティング・ビリーフの弊害

あなた自身についての正しくない思い込みは「リミッティング・ビリーフ」と呼ばれ、あなたの人生に悪影響を及ぼします。自分を否定的に考えてばかりいると、何をするにしても何を言うにしても、どんな自分になるにしても、恐怖で制限をかけてしまいます。リミッティング・ビリーフを持っていると、感情トリガーによって次のような点が不完全なまま成長してしまいます。

### ▼自己受容

自分は出来損ないだという間違った思い込みを持ったまま成長します。卑屈な気持ちから抜け出すためには、思い込みをやめなくてはいけません。

小休止

自分を出来損ないだと思う理由を考えてみましょう。その思考パターンをやめ、自分は完璧ではないけれど十分素晴らしい人間だと考えられるようになるためには、どうしたらいいと思いますか？

## ▼アイデンティティー

精神的虐待をする家族に育てられたあなたは、誰かの期待通りの自分になろうとします。共依存関係の問題点は、あなた自身を含めて、本当のあなたを見てくれる人が誰もいないということです。家族にも受け入れてもらったことのないあなたは、自分が正しいことを正しくできているかという悩みに常に取りつかれ、自分を蔑ろにしてまで周りの人たちのためにどうするべきか考えてしまいます。

小休止

立ち直るためには、まず、特定のグループや場にうまくなじまなければ、という考えを捨てるべきです。

## ▼セルフ・コンパッション

慈しみに欠けた環境で育ったあなたは、そもそも自分が慈しまれるべき存在だという意識がありません。自分への慈しみ――セルフ・コンパッションの欠如は、大人になってから間違った人とつき合ってしまう原因になります。

小休止

他の誰でもなくあなた自身の望みを最優先したら、どんな気分になるでしょう。恥や罪悪感を覚えたり、自分をわがままだと思ったり、あるいは怖いと感じたりしますか？

## ▼怒りと憤怒

破滅的な家族は、怒ることを悪いことだと教えます。そして怒るあなたを常軌を逸した人呼ばわりしたり、手がつけられない子供だと言ったりします。ですが実際は、怒りというのは抑圧されていなければ健全な感情です。抑圧されると、憤怒に変わります。虐待を受けていた人たちはよく、家族に対して他の誰にも感じたことのないような激しい怒りを感じたことがあると言います。なぜでしょうか。それは、毒家族のいる家庭内ではすべての感情を抑圧しなければならないからです。そして怒りが募ると、抑圧されたものが一気にあふれ出します。それも当然です。怒りは境界線を設ける必要性を感じたときに湧き起こり、憤怒は境界線が何度も繰り返し侵されることで生まれる感情です。怒りは、あなたが我慢ならなくなったときのサインなのです。相手に立ち向かい、あなたにとって譲れない一線を明確にする手助けをしてくれる感情です。あなたが自分を守ろうとすれば、他の人はあなたを尊重するようになり、あなたが怒りを感じることも少なくなっていきます。

怒りは不条理を正す唯一の感情であり、それゆえあなたの人生に変化をもたらせるかもしれない唯一の感情でもあります。

小休止

どうしたらあなた自身の怒りを信頼できるようになるか考えてみましょう。怒りがあなたを傷つけるのではなく、あなたのためになるようにするにはどうしたらいいでしょうか。

## ▼人間関係に心地良さを感じる

愛情あふれる人間関係に慣れていないせいで、人間関係に心地良さを感じることが難しい場合があります。私自身、人間関係に愛を見出すことはできますが、心地良さを見出すのは非常に苦労します。関係がこの先も続いていくと信じることが難しいのです。私の人生において、人間関係は平穏のもとではなく不安のもとでした。誰かと恋愛関係にあるときも、その関係がずっと続いていくことや相手の気持ちを心から信じられず、完全に心を許すことができません。常にうまくいかなかったときのことを考えて次の手を用意しておくような人間なのです。

些細なことで騒ぎ立てる癖はなかなか消えてくれません。きっと、あなたも私も、相手から最悪の反応が返ってくるのを想定するように鍛えられ、実際に最悪の反応を返されてきたからでしょう。これを解決するのは骨が折れます。あなたが人間関係に心地良さを感じられるようになるか否かは、どれほど人を信用できるかと、どれほど捨てられることを恐れているかによります。ですが、たとえ心地良さを見出せなくとも、愛を見出すことはできるようになります。私は学びました。自分自身と向き合って自分に正直に生きることを心がけ、恋愛関係以外の部分で目的意識を強く持てば、自分自身に対して心地良さを感じられるようになると。そして本当の自分に慣れれば慣れるほど、他人に対してもまた、心地良さを感じるようになるのです。

小休止

人間関係に心地良さを感じられるか、考えてみましょう。もっと様々なものに心地良さを感じられるようになるには、どうしたらいいでしょう。

## ▼気を緩める

あなたは常に努力が足りないと思い込まされてきました。そのため、どんなときも上を目指して努力しているということを証明するために、休むことなく行動し、常にせわしなくあろうとします。それはすべて、一度もあなたを認めてくれたことのない家族から認められたい一心でしていることです。ですが同時に、忙しくするのは、トラウマから意識を逸らすためでもあります。気を緩めるのはどうにも落ち着きませんし、わがままとすら感じるかもしれません。気を緩めてしまうと、自分が無価値な人間なのではないかという気持ちが湧き起こってくることもあります。何かに追い立てられていたり、身の回りを整理整頓していたり、働きすぎていたり、やたらと頑張っていたり、あるいは人生を完璧にしようと努力していたりしないと、まるで自分の存在意義が失われてしまうかのように感じるのです。

小休止

忙しさで気を紛らせても、トラウマは消えないという事実を受け入れたら、どんないいことがあるか考えてみましょう。受け入れられたら、次はどうしますか?

## ▼自己表現

毒家族のいる家庭では、姿は見せつつもできるだけ静かにしていることが求められます。そのせいで、自分をいつどのように表現すべきか混乱しやすく、判断が困難です。家庭が機能不全に陥っている現状を受け入れ、空気を読んで流れに乗ることを、直接的あるいは暗に要求されます。それにより、あなたの望みや意見が家族の生き方に影響を与えることは決してないということがはっきりするのです。この痛みを避けるために、多くの人が少しでも家族に受け入れてもらおうと反射的に自身の感情を消し去るようになります。

小休止

立ち直るためには、あなた自身の声を生き返らせなければなりません。それにはどうしたらいいでしょうか。

## ▼鍛錬と意欲

何をやっても認めてもらえない環境で育つと、何に対しても意欲を感じなくなってしまうことがあります。意欲を持たないことで、家族からの干渉や非現実的なプレッシャーに抵抗し、人生を自分自身の手に取り戻そうとする人もいます。

小休止

考えてみましょう。あなたはこれまでどのように、自分の中の意欲や研鑽の精神とつき合ってきましたか？

### ▼セルフケア

毒家族のいる家庭において、「ケアする」や「気にかける」といった概念は一方通行です。繊細で弱い人が、毒になる人をもてなすのです。このように誰かに世話を強制する仕組みの中では、全員の望みがきちんと満たされるわけではありません。あなたは、自分自身のケアをする価値などないと思い込まされてきました。そして家族の精神的奴隷、もしくは召使いとしてしか価値を見出してもらえませんでした。

小休止

セルフケアについて考えてみましょう。自分を気にかけることをあなた自身に許してあげていますか？

### ▼人生は贈り物

あなたにとって、人生は贈り物どころか、苦しく、恐ろしく、厄介で、捻じ曲がっていて、予測不可能なものです。毒家族の目的は、あなたを自分たちの支配下から逃さないように、あなたを抑えつけ、自信をつけさせないことです。あなたが自分自身の人生の主導権を握れない限り、人生を贈り物と捉えるのは不可能です。

小休止

人生について考えてみましょう。あなたは人生を贈り物だと思いますか？

あなた自身や他の人、また人生というものについて、否定的な思い込みを捨てようとするのは苦しいこともあるでしょう。なぜなら否定的な思い込みに対抗するには、まずその思い込みとしっかりと向き合わなければならないからです。毎日少しずつ、自分に正直になっていきましょう。そうすればいつの日か、あなたがその試練をどう乗り越えたか、人に話せるようになります。そしてその話がまた別の誰かを導くのです。不当さを訴えるあなた自身の痛みを信じ、立ち直るための足がかりとなる感情トリガーを真っ直ぐ受け止めることができたとき、あなたは精神的に自由な人生を手に入れます。

## 根本的に自分自身を信頼する

人間はもともと人を愛し、愛着を持つようにできています。相手が仲間なら尚更です。他者との繋がりなくして、成長はあり得ません。しっかりとした繋がりを築かない限り、表面的な成長しかできないでしょう。残念ながら、支配し支配される関係の中で健全な繋がりを持つことはできません。

健全な繋がりを築くためには、愛よりも信頼のほうが重要になってきます。相手を信頼できなければ、安心して愛することもできません。支配は信頼の真逆にあり、支配関係にある人は愛ではなく恐怖から繋がりを求めます。恐怖の感情をもとに愛着を持っても、その愛着の根本にあるのは信頼ではなくトラウマです。ですがトラウマにも役に立つ部分はあります。トラウマは、あなたの最も傷ついた部分へと続く扉です。この扉を見つけずに傷を癒やすことはできません。そしてこの扉は、トリガーによって感情が引き起こされたときに開くのです。

**幸せのヒント**

自分を尊重できるようになると、
混沌への依存よりも平穏を求める気持ちのほうが遥かに強くなります。

トラウマは、感情システムの中で警告を発します。それを引き起こす感情トリガーとは、あなたの頭の中で記憶を呼び起こし、傷を負った当時の気持ちを思い出させるものです。感情トリガーは極めて個人的で、人によって何がトリガーになるかは異なります。ですが大抵は次のような感情がトリガーとなります。誤解された、賛同を得られなかった、除け者にされた、批判された、真剣に取り合ってもらえない、自分自身を信じられない、失望した、不確実さが不安、自分に魅力を感じない、自分を愚鈍に感じる、説得力に欠けている、ストレスを感じる、捨てられた、衝突が怖い、辱められた、足元を見られて利用された、自分を弱く感じる、想定外の変化が怖い、などの感情が挙げられます。感情トリガーを分析せずに野放しにしていると、誰かと信頼関係を築き、親密になって繋がりを育むときに障害になります。ですから、感情トリガーを敵と見なして遠ざけるのではなく、うまくつき合っていく方法を考えなければなりません。

## 感情トリガーを利用する

感情トリガーは、正しく扱えば、あなたの限界と境界線を設けるべき場所を教えてくれるかもしれません。1つ念頭に置いておくべきなのは、年齢を重ねたところで感情トリガーが分別を身につけることはないということです。人間はストレスを感じると退行するからです。トリガーが成熟しない以上、大人のあなたが今、ストレスを感じたときに呼び覚まされる感情は、精神的に未発達な反応なのです。あなたの今の感情が現在の状況に全く即していないというわけではありませんが、過剰反応している可能性もあります。そのため、どのような状況でトリガーが発動するのか理解することは、あなたの成長に大きく役立ちます。

あなたは少なくとも一度は、感情トリガーによって落とし穴に落ちる経験をするでしょう。なぜなら人々は悪気なくあなたの傷を抉ることをしたり言ったりするからです。そんなときはあっという間に不安でいっぱいになり、攻撃を受けていると思って自分を守ろうとするでしょう。そうならないためには、あなたの感情を落ち着かせる時間をとってください。私たちはつい感情に突き動かされがちです。しかし、感情が昂っているときは、真実をよく確認し、自分がどんな状況にいるのか見極めるほかありません。何が起こっているのか、時間をかけて呑み込めば、反射的な思考と感情を合理的な方向に誘導する余裕ができます。感情のトリガーが発動したときは、次の4つのステップを踏むことで精神的に成熟できます。

1. 家族に関係する傷を呼び覚ますトリガーを特定する。
2. トリガーによって呼び覚まされた感情（恐怖、捨てられた気持ち、怒りなど）をじっくりと感じ、向き合う。感情のままに行動しない。
3. 行動を起こすか否かを決める前に、状況をはっきりさせるためにどんな助けやサポートが必要か考える（セラピーを受ける、日記をつける、瞑想、運動、祈る、信頼できる友人に相談するなど）。

### 4. 昔の傷が今のトリガーと交わる箇所を見つけ、現在の状況に対して必要以上に強い感情を投影しないように意識する。

このようなステップを踏むことで、思考や感情のペースを落とし、衝動的な行動をとりそうになるのを抑えることができます。それができれば落ち着きを保った生き方ができるでしょう。あなた自身のために感情と思考を呑み込む時間を作ってあげることで、今あなたを傷つけている人や状況には、決してあなたの古傷を抉る意図があるわけではないと気づけるかもしれません。長らく受けてきた虐待と支配のせいで、あなたは無意識に、誰も彼もが自分を傷つけようとしているのだと感じてしまっているかもしれません。あなたが知る世界ではいつもそうだったのですから。ですがその間違った認識は、終わらせる必要のない人間関係が終わる原因になりかねません。ほんの少しの努力と忍耐とコミュニケーションで、事態は好転するかもしれないのです。

誰かに傷つけられたとき、その人との関係を終わらせたい衝動と戦わなければならないことも当然あるでしょう。ですが、毒の影響や混乱のせいで人間関係がぎこちなくなったというだけの理由で、接触不可の境界線を設けてはいけません。これを聞いて当然、もやもやすると思います。しかしすぐに縁を切ろうとする癖は、長期的な信頼関係を築き、幸せを手にする道を閉ざしてしまいます。自分自身の感情を上手に管理することで、コミュニケーションが円滑になり、またあなた自身や周りの人たちを成長させることもできるでしょう。

必要なときはいつでもあなた自身のために在ろうとしてください。そうすれば、あなたにとって最も大切なあなた自身との関係において、透明な存在としてあなたに寄り添っていてあげられるでしょう。そうすることで、あなたの中の傷を負った部分を癒やしていけるのです。あなた自身のケアを一番に優先することで、他のものも自然と在るべき場所に落ち着きます。自分自身を気にかけることが、セルフ・コンパッションと自分への愛情に繋がるのです。

# 第11章 共感する、そして自分を愛せるようになる

すでに気づいていると思いますが、毒になる人たちは自らを分析して見つめ直そうなどと思いませんし、それゆえ人に共感したり、自分以外の誰かのものの見方を信用したりもしません。自分に直すべき点があるなどとは欠片《かけら》も思っていないのです。共感することを知らない人間に育てられたあなたは、友人や恋人にも似たような、共感能力の低い人を選びがちです。それもまた、あなたが立ち直るために通る道です。ですが、どんな人間関係を築こうと、その痛みから少しでも学べることがあるのなら無駄ではないのだということを忘れないでください。間違いを犯したら、そこから共感性について学び、あなたの成長に役立てればいいのです。

共感とは他の人の気持ちや感情を察することです。他の人の立場に身を置いて、まるで自分も同じ経験をしているかのように、その人の気持ちを感じ取るのです。共感能力は「EQ（心の知能指数）」から切り離せない重要な要素でもあります。EQは自分自身や他の人の感情を推し量る能力のことで、測定可能かつ後天的に発達可能です。共感は人との感情

的な繋がりを強固にします。これはただ誰かのための感情である同情よりも遥かに踏み込んだ感情です。共感とは想像や仮定を使って、誰かとともに同じ感情を抱くことなのです。苦しいときにこそ共感能力は身につきます。誰かに拒絶されたり、失意に呑まれたり、傷ついたり、失敗したり、屈辱的な思いをしたりといった経験をし、そして人の目に晒されることで発達します。つまり、自分自身が辛い経験をすることで、他の人の痛みも察し、理解できるようになるのです。

共感によって有意義な繋がりを築くには、あなた自身の経験談を伝えるのが非常に有効です。あなたの話を聞いた人たちは、自分は独りではないのだと知り、自分以外にも似たような経験をしている人がいるのだと勇気づけられます。あなたの話は実際の経験から生まれた感情や知恵に満ちています。感情はすべての人に伝わる共通の言語であり、人と人とを強く結びつける可能性を秘めています。あなた自身の経験を話すことで、サバイバーとしての信憑性と人間らしさが増し、親近感が湧くでしょう。そしてあなたがどんな人間で、どのようにして今のあなたになったのかが相手に伝わります。ですから自身の話をすると、虐待サバイバー同士の絆が深まり、共感と親近感に基づいたコミュニティーが生まれるのです。

## 自分のことを話す

苦難を乗り越えた経験を人に話し、自分がどんな人間なのか理解して受け入れてもらいたいと思うのは自然な願望です。自分の話をするのは最も効果的な行為です。私が『Loving Yourself: The Mastery of Being Your Own Person（仮邦題：本当の自分の愛し方）』（未邦訳）という最初の本を出したときは、家族に私の痛みが伝わってほしい、自分たちの行いを後悔して私を労ってほしい、そして初めて、私と一緒に痛みを感じてほしいという思いで自分の経験を書きました。私の経験が彼らにとってどうでもいいはずがないと、彼らも本当は手探りで一生懸命で、心から反省していると思いたかったのです。ですが大抵の毒になる人と同じように、家族は私の本を「私の話」ではなく「彼らを糾弾する話」として捉えました。続いて出した他の本を読んだとしても同じように感じ、私を嘘つき呼ばわりして、すべて妄言だと言い張るでしょう。ですがこんな話をでっち上げるなど不可能です。

自分について書くうちに、どれほど家族がそれを被害妄想だと言い張ったり、本人にそう信じ込ませようとしたり、言い訳したり、嘘をついて隠ぺいしたりしたとしても、真実は決して揺るがないのだと気づきました。どんな小賢しい手を使ったところで、目の前の真実を変えることはできません。ですから、真実を捻じ曲げるための交渉に応じる必要は一切ないのです。だからこそ、クライエントやその他の虐待サバイバーたちは、私に本当の意味で自分の真実を理解してもらえるとわかると安堵します。それも私が研究で身につけた知識ではなく、奇妙なほどに似た境遇に苦しんだ経験から理解できるからです。

### 幸せのヒント

**嘘で塗り固められた世界のために、あなたの真実を手放してはいけません。**

私はすでに、自分の思いを伝えたところで家族に真実を気づかせ、彼らの力になったり彼らを変えたりすることは不可能だとあきらめています。この事実を呑み込んだことで、私は真の自由を手に入れ、そしてあなたのために目指すべき唯一無二の目標ができました。私はあなたのために本を書いています。あなたに私の本を利用して、自分自身や似た境遇の人たちと繋がり、多くの共感や理解を得られるようになってほしいのです。あなたが誰にも気づかれないまま孤独に苦しまずに済むよう、あなたとあなたの思いに居場所を作りたいのです。あなたが自分の話を打ち明けられる方法をいくつか紹介します。

**○文字にする（誰かに見せても見せなくても良い）。**

日記は、安心して自分の気持ちをすべてさらけ出すことができる場所です。誰かとのやり取りで傷ついたとき、相手に直接伝えるより前に、自分の思考を書き出して痛みの原因を探ることができるプライベートな空間です。日記は気が進まなければ、虐待者に宛てるつもりで手紙を書いたり、紙や携帯電話にメモしたりするだけでも構いません。

**○セラピーで話す。**

セラピーは、あなたの感情を一切合切吐き出しても非難されない、外界から閉ざされた安全な環境です。そこでは、あなたの総合的な人間力を高めるために、これまでの苦難にどんな意味があったかを見出すよう促されるでしょう。

**○信頼のおける友人や恋人に話す。**

非難されずに安心して胸の内を打ち明けられるような存在がいるなら、彼らに話すのもセラピストに相談するのと遜色ありません。

幸せのヒント

あなたが自身の話をし、
それが色々な人の目や耳に入り、知れ渡れば知れ渡るほど、
あなたは立ち直り、相互理解と共感を通じて人と深く繋がることができます。

共感にも厄介な面があります。もしかしたらあなたもすでに辛い思いをして、共感は素晴らしいばかりでなく時に苦しいものでもあると学んでいるかもしれません。誰かと感情を通わせるのは素晴らしいことです。互いに、自分の弱さをそのまま受け入れてもらえるということですから。共感を通じて、あなたは独りではない、大丈夫なのだと信じることができます。ですが気づかないうちに、優しさにつけ込んであなたを利用し支配する毒になる人に共感してしまうと、それは呪いに変わります。より深い不安の渦に呑み込まれることになってしまいます。

共感の良いところは、毒になる人を拒絶し、健全な行動ができるようになることです。ただし、相手がいい人だとあっさり信じ込むのは危険です。自分を守るための構えは保ったまま、人に共感できる人になる必要があります。そうすれば、愛や願望のみでなく、現実にしっかりと基づいた行動ができるようになります。

## 共感の素養

過去の失望から学び、自分の人生で関わる人と拒絶する人を決められるのが「共感の素養」がある人です。共感の素養があるとは、人の言葉よりも行動を見るということです。人を支配する人は言葉の魔術師です。彼らの言葉は魅力的で、色々なことを約束してくれるように聞こえますが、実際に行動に移されることはほとんどありません。言葉巧みにあなたの思考を捻じ曲げるだけです。あなたは自分の望む現実ではなく、本当の現実を見つめなければなりません。現実は偽りの希望を薙ぎ払い、可能性という名の沼にはまるのを防いでくれます。正しく共感できるようになれば、自分を守るためにむやみに人を否定したり、正当化したり、媚びたりしなくなり、現状に甘んじずに勇気を出せるようになります。成熟した視点を持ち、気品ある物腰で、客観性と洞察力を持って意識的な行動がとれるようになるでしょう。

正しいか否かはともかく、感受性の高い人はセラピーを受けるべきだというのが私の持論です。そういった人たちは過酷な人生を歩みがちだからです。彼らは他の人よりも色々なものが目に入り、色々なことを感じ、色々なことを知っています。ですが傷つくということは癒える可能性も秘めています。無防備な心を守るには、あなた自身の直感と知識を信じる必要があります。セラピーは、恐怖や誤った認識のせいで悪意ある人への警戒を緩めてしまうのを防ぐ手助けをしてくれるでしょう。どんな支配も決して許さない見識と洞察力を授けてくれます。誰かが勝手に真実を決めつけたり、あなたを操ってあなたの奥深くに眠る真実から遠ざけようとしたりするのを決して許してはいけません。

共感の素養を身につけるには、次のことを心がけましょう。

○あなたを不当に扱った人に対して、強固な境界線を設ける。
○「過敏になりすぎている」や「過剰に境界線を設けている」と言ってあなたを責め、あなたの現実を蔑ろにする人に耐えることをやめる。
○互いに満ち足りた関係を維持することに注力し、そうでない関係は終わらせる。
○毒になる人とそうでない人を見分けるときは、自分の直感を深く信じる。
○はなから理解する気のない人に、あなたの選択を説明する労力を使わない。
○沈黙は万能。気の利いたことを言えないときは何も言わないほうがいい。

共感能力が高い人は良き友人、良き恋人、良き親になります。ですが、まずはあなた自身を癒やし、助けられるようにならなければ、他の人を癒やし、助けることはできません。家族に生贄にされてきた人たちは、天使のように愛情あふれる、繊細で感受性の高い人たちです。あなたは決して、家族が言うようなお荷物ではありませんし、こうして今、特別な目的を持って生きています。あなたの感受性が高いことには意味があります。あなたの生き方を肯定してくれる大切な才能として受け止めましょう。

## 自分を愛すること

自分自身に投資し、成長する努力を始めると、奇跡のようなことが起こります。自己批判的になる代わりに自分に共感してあげると、もっと自分を愛せるようになるでしょう。自分を愛せるようになったら、恥の感情や自虐なしに、これから学ぶべきことがたくさんあると思えるようになります。人生は様々な経験で満ちあふれていること、あなたが一番信用できないのはあなた自身であること、そしてあなたの知る家族の醜い姿こそが彼らの本性であることを受け入れられるようになります。その上で心の痛みと向き合うことができたとき、あなたは立ち直り始めているのです。

自分を愛することは、立ち直り、新しい発見に出会うための冒険の出発点です。今こそ家族があなたに強制した狭い視野を捨て、もっと広い視野で家族を見て、新しい思考を持つときです。自分を愛することは縮こまることではなく、広がっていくことです。愛が偉大なのは、いつだって愛があなたの中にあるからです。愛はあなたの中で際限なく、どこまでも大きく育むことができるのです。

幸せのヒント

たとえ他の誰に選ばれなくとも、
あなただけはあなた自身を選んでください。

この境地に至るためには、あなたが育ってきた環境における愛の形がどのようなものだったか、そしてそれが今日のあなたの「愛情はこう在るべき」という考えにどう影響しているか、詳しく見ていく必要があります。そもそも、あなたの自分自身への愛情は、家族から向けられた愛情を手本にしています。もし家族に愛されていなかったのなら、自分自身をどう愛していいかわからないのも当然です。あなたの知る愛情が、どのようなパターンに当てはまるか見ていきましょう。

○子供の頃に家族からどのように愛情を向けられましたか、あるいは一切向けられませんでしたか？　その中で、今自分自身を愛そうとするときになぞっている愛し方はありますか？

○家族との間で定められていた愛の在り方で、あなたが今大人として築いている人間関係に反映されているものはありますか？

○あなたはこれまで、あなたを尊重し、侵害することのない、健全でムラのない愛情を十分に注がれて生きてきましたか？
○あなたの両親や他の家族は、互いにどのように愛情を注ぎ合っていましたか？　誰かを贔屓、あるいは冷遇していましたか？

　これらの質問を自分自身に投げかけることで、今まで経験したことのない愛情を自分自身に注いであげることができるようになります。自分自身を愛するには、次のことを意識するといいでしょう。

○自分の感情に制限をかけず、心のままに感じることを許す。
○誰か他の人のエゴを守るために、自分を卑下するのをやめる。
○愛情を言い訳に、誰かが毒になる事実から目をそらしたり、あなたを傷つけるのを許したりしない。
○自分を偽らず、本当の姿で自分に正直に生きる。
○傷ついたときは、ダイヤモンドが山の重みの下で生まれることを思い出す。あなたはこれから必ず成長できる。
○人生で関わる人すべてに認められたいという承認欲求を捨てる。

○未来のために、今を少しだけ犠牲にする。1時間もスマートフォンをいじるくらいなら、気が乗らなくても運動する。常に未来の自分のためになることを心がける。

これらのことを心がけるだけで、もっと自分自身のためになることをしたいという気持ちになります。立ち直るにつれ、あなた自身の価値に気づき、自分のためにもまた誰かを愛したいと思うようになるでしょう。自らホールネスと幸福感を望めるようになったら、次はそれを実現するために行動しましょう。

## セルフケアの重要性

セルフケアとは、身体、感情、思考、精神、人間関係のすべてにおいて最適なレベルに到達するための行為です。機能不全に陥った家庭で育ったあなたは、タイミングを見計らい、正しい言葉と口調を選んでわかりやすく虐待の事実と証拠を提示しさえすれば、家族と理解し合い心を通わせることができると信じて、とてつもなく長い間奮闘し続けてきました。ですが、どれほど努力を重ねようと、そのやり方があなたを勝利へ導くことはありません。

幸せのヒント

**何かについて過剰に説明したくなるのは、それがトラウマに関係している証拠です。**

あなたを愛する人や心理学の専門家は、意を決して家族の虐待から逃れることは、セルフケアのための勇気ある行動だと言うでしょう。ただしセラピストの中にも、毒家族の支配的なやり口や、捨てられた経験や過去のトラウマを通して虐待者から離れられなくなる複雑な心境を知らないがゆえに、軽率にあなたの経験を軽んじる人がいるということは頭の片隅に置いておいてください。誤って、虐待そのものに対してではなく虐待に対するあなたの反応にのみ言及するセラピストも大勢います。専門家とはいえ、文化が重んじる家族の定義を否定するようなことを言うのは怖いのです。

しかも、家族がセラピストの前では善人の仮面を被るということは、これまでの経験からよくわかっていることでしょう。悲しいことに、このように繕われた一面を見てセラピストが騙されてしまうことも少なくありません。

ですから、セラピーは必ずあなた1人で受け、あなた自身が改善できる点を探していくことが重要です。そうすれば、確実にあなた自身のことに集中できます。家族が支配的で、彼ら自身の非を認めていない以上、家族とセラピーを受けるのは賢明とは言えません。彼らは、問題の原因はあなたにあるという前提の場合のみセラピーを受け入れるからです。もし家族のほうが問題を指摘され、その責任を問われようものなら、彼らは手のひらを返したように攻撃的になり、すぐさま治療を中断させます。

幸せのヒント

人間関係を成功に導く鍵は、
コミュニケーションをとることではなく相手を理解することです。
相手が頑なに狭い視野に固執するなら、
どれほどコミュニケーションをとろうと意味はありません。

相談相手が専門家なら特に、手の施しようのない家庭問題をどうにかしようと頑張るのはやめるべき、というアドバイスには耳を傾けましょう。言葉を変え、口調を変え、説明の仕方を変えればきっといつか家族に理解してもらえる、受け入れてもらえると思っているのなら、即刻その希望を捨ててください。機能不全を起こした家庭にうまくなじむために完璧な人間になるよう諭すのは、あなたを健全とは真逆のほうへ誘導する行為です。そのようなアドバイスは破滅しかもたらしません。あなたに解毒剤を処方するどころか、さらに毒を盛っているだけです。唯一の解毒方法は、あなたが自分自身を労り、幸福を追求し、あなたを傷つけるものを排除することです。それはあなたが持つ正当な権利なのです。

セルフケアが上達する方法をいくつか紹介します。

**○自分自身の限界を尊重する。**

多くのものを背負いすぎたり、謝りすぎたり、悩みすぎたり、人に与えすぎたり、十分な見返りを望まなかったりといったことがないように気をつけましょう。自分が手いっぱいになったら、手の空いている人や手伝いを申し出た人にあなたの仕事を分けてもいいのです。

**○十分な休息を取る。**

家族に虐待されて育った人は、よく眠れないことがままあります。不安を抱えていると、残念ながら良質な睡眠をとるのは難しいのです。自分の体に耳を傾け、アプリや評判のいい睡眠メソッドなどの助けを借りて、体を休める練習をしましょう。十分に休むことができれば、それだけ心も落ち着き、毎日を切り抜けられるだけの体力を得られます。

**○健康的な食事をする。**

食事は自分を健康に育むチャンスです。色とりどりの自然な食物を摂れば摂るほど、体、脳、そして心にも栄養が行き渡ります。胃に食べ物を入れるのは、脳に栄養を供給するのと同じことです。健やかな思考、活力、感情を制御する力がほしいのなら、栄養を摂り、体を大事にしなければなりません。

**○運動をする。**

運動は、向精神薬よりもホルモンバランスを整えるのに効き目があると過去に何度も証明されています。さらに運動は脳の神経可塑性を高めます。つまり能力を最大限発揮できるようになるということです。体を動かすことは、どんな動かし方だろうと、創造的な感情の発露であり、体を通して感情を表現し解放する行為です。

**○息抜きする。**

1日の中で、一息つく時間を作るのは大切なことです。家族から精神的虐待を受けてきた人は、感受性が高まっています。人よりも痛みや音、光、匂い、環境の変化、言葉の含みに対して敏感なので、心を充電するために1人になる時間が必要なのです。

**○自己分析をする。**

あなた自身を知るための時間を取りましょう。毒家族から虐げられてきた人は、思慮深く、鋭い感覚の持ち主ばかりです。たった1日の間に驚くほど様々なことを感じています。自分を見つめ直すための優しい時間の中で、自分を愛することの素晴らしさを実感しましょう。

**○楽しむ。**

育ってきた環境のせいで、人生をあまりに真剣に生きようとしすぎているかもしれません。あなたは、日常の至るところに失敗を許されない最終試験のようなものが転がっているような気持ちで生きてきました。気を緩めて、1人で、あるいは大切な人たちと遊ぶのも重要です。とにかく楽しみましょう!

**○心を育てる。**

ヨガ、参拝、お祈り、瞑想、マインドフルネス、自然の中で過ごす、読書、日記を書くなど、方法は何でも構いませんが、あなたの精神を育むための時間を作りましょう。このとき、あなたの中ですでに完璧な部分があることを自覚できるはずです。傷に影響されることなく、このまま変える必要のない部分を見つけられるでしょう。

セルフケアは、自分がこれまでどんな人間で、これからどんな人間になっていくのかに誇りを持つことが重要です。あなたが屈辱的な虐待から逃れるために、好むと好まざるとにかかわらず下してきた決断の一つひとつに誇りを持ってください。縁を切るだけでなく、その先で立ち直るために勇気を出したことを誇ってください。あなたはこれらのものを得るにふさわしい人間なのです。

○幸せになる
○安心感を得る
○あなたを愛しく思う人たちから愛される
○予測可能で安全な人間関係
○あなたの好きなことを愛し応援してもらえる
○落ち込んでいるときに元気づけられる
○本当のあなたとして生きる自由
○深く、素晴らしい絆
○敬意を払われ、真実を伝えられ、真心のこもった扱いを受ける
○尊重される
○幸せと達成感に満ちた人生

あなたはこれらすべてと、それ以上にもっと多くのものを当然得るべき人間です。絶縁することがすなわち立ち直ることなのではありません。絶縁は立ち直るための最初の一歩に過ぎないのです。むしろ最も勇気がいるのは、絶縁したあと、こうして家族を失って独りで立っている今このときです。自分のために勇気ある決断をしたあなたは、自分自身の人生と価値と尊厳を取り戻すでしょう。そしてこれからは、あなたの人生に影響を与える人やものを自らの意志で選び取るための得がたい知識を獲得します。自分は価値のある人間だと感じ、またそんな自分に何がふさわしいかを自覚して日頃から自分に言い聞かせることが究極のセルフケアです。なぜなら、自分に何がふさわしいかを知っていれば、長いこと渇望してきた愛ある健全な絆を育めるからです。

# 第12章　長続きする深い人間関係を築くために

深く、長続きする関係を築くには、無防備になる必要があります。ブレネー・ブラウン氏は、誰かと心を通わせるために自分をさらけ出さなければならないときの「耐えがたい無防備さ」について書いています。自分には短所が多すぎる、あるいは長所がほとんどないと信じ込まされてきた人にとって、自分をさらけ出すのは「弱い自分」を晒すことです。毒になる恥と自己疑念のせいで、感情を開けっぴろげにするよりも、抑え、守る癖がついているのです。ですがブラウン氏は、自分を心から尊重できる人には共通点があると言います。それこそが、自分に素直に生きているという点です。自分の価値を認められる人は、不完全な自分を認めてあげられる勇気を持っています。反対に、機能不全を起こした家庭で育った人は、完璧を求めて頑張りすぎるきらいがあります。勇気を持ち、自分自身を労《ねぎら》うことは、深く、長続きする関係を築くことに繋がります。

小休止

あなたにとって、不完全な自分を認める勇気を持って生きるとはどういうことか、考えてみましょう。自分を無防備にさらけ出せたとしたら、新しいことに挑戦したいですか？　これまで関わりのなかったタイプの人と交流したり、自分に素直になって新しい生き方をしたりしてみたいですか？　そんな生き方ができたら、あなたの人生はどのように変わるでしょう。

## 自分の弱さを受け入れる

私が過去に「無防備になる」ことを考えたときには、大勢の人の前で裸で立たされ、誰かに赤い口紅で私の体の太っているところに丸をつけられるという恐ろしいイメージが頭に浮かびました。無防備になるというのは、私たちの根深い不安を呼び覚ます言葉です。支配的な家族の前で、無防備になることはあり得ません。生き抜くための唯一の手段は、自己防衛に徹することです。虐待者はあなたの一番弱いところを突いてくるので、彼らに弱みを晒さないよう、奥底に押し込めるか、覆い隠さなければなりません。

しかし立ち直るためには、こうして守ってきた部分を表に出す必要があります。弱い自分、飢えている自分、怖がりな自分、あるいは怒りくるった自分を許してあげなければ、無防備にはなれません。自分の弱さを恥に思う必要はありません。むしろ弱さを受け止めることでこれ以上、あなたをあなたたらしめる出来事や感情を頑張って隠したり、誤魔化したり、償おうとしたり、庇ったりしなくて済むのです。それだけでどれほど気が休まることでしょう。

**幸せのヒント**

自分の思考を変えるせっかくのチャンスを逃してはいけません。
弱いことは重荷ではありません。
不完全だからこそあなたは人間で、親近感が湧くのです。

支配され、拒絶され、傷つくこと以上に、人の心を弱くするものはありません。この知識をあなた自身に当てはめて考えてみてください。毒家族に育てられた人は、いつまでも心の奥底に絶望の火種を抱えています。大人になってからも、例えば恋人との関係が破綻したら、あなたを苛むのは今恋人を失った喪失感だけではありません。過去に、本来味方であるはずの家族の手によって積み重ねられた痛みを改めて思い出してしまうのです。毒家族に虐げられてきたアダルトチルドレンにとっては、どこまでが過去の傷による痛みで、どこからが今の傷による痛みなのか、なかなか判断がつきません。だからといって、あなたが全く立ち直れていないというわけではありません。これまでもこれからもずっと、傷を癒やし立ち直るための日々が続いているということなのです。

## 傷ついて学んだこと

大切な人を失って傷ついたとき、不安定な心が浮き彫りになるのは避けられません。愛する人を失うのは、トラウマになって当然の出来事です。ここで、私自身の経験をお話しします。

前に傷ついたとき、私はとても特別なことに気づきました。私はいつも、私の傷を愛し、傷にキスをして命を吹き込んでくれるような人と恋人になりたいと思っていました。なぜなら、心の奥底では、誰かに愛されることでしか癒やされないと考えていたからです。誰かの愛に私を癒やす力があるという幻想を持ったせいで、価値ある人間になるためには、誰かに愛される必要があると思い込んでしまいました。その結果、私が立ち直り、一生懸命努力してなりたい自分になれたのは、すべて私を愛してくれた人のおかげだと思うようになりました。ですが、本当はそうではなかったのです。

私には、自分で努力してつかみ取ったものを誰かのおかげだと考えたがる癖がありました。それは、健全な親がすべてを懸けてでも子を守ろうとするように、私も誰かに救ってほしいという願望が心の奥底に眠っていたからだと思います。もしかすると私は、救ってくれたことに感謝することで、相手のヒーロー願望を刺激しようとしていたのかもしれません。私のそばにいればヒーローの気分を味わえるとなったら、その気分を手放したくないがために私から離れられなくなると踏んでいたのかもしれません。それはきっと、幼い頃から家族の機嫌を取るのが私の仕事だったことが影響しています。手ひどく虐げられたあとは特に媚びるよう強制され、反対に私が何かを望めば鬱陶しがられました。

最近、1つの人間関係を失って深い悲しみの淵を漂っていたとき、私は幸運にも素晴らしい発見をしました。これまで本当の意味で私を愛し、キスをして命を吹き込んでくれた人は、他ならぬ私自身だったのです。立ち直るプロセスは必ずしも気分のいいものではなかったため、自分が立ち直りつつあるのだと思っていなかっただけでした。でも実際は、自分自身を救うためにできる限りの努力をして、苦難に耐えてきたのです。立ち直るための行為で明るい気持ちになれなければ、やり方が間違っているのだと考えるのは誤りでした。私は自分が前に進めていないと思い込み、また、私を不幸のどん底に突き落とした当人にしか私を完全に癒やすことはできないと誤解していました。そもそも自分を傷つけた人たちに癒やしてほしいと思うなんて、おかしな話です。喪失による悲しみはそんな誤解をしてしまうほどなのです。

残念ながら、自分の努力を他の人の手柄にするという無意識の癖によって、私は何度も私を愛していると主張する人たちに気持ちを踏みにじられてきました。彼らにすべての責任があるとは言えません。彼らに私を癒やす力はありませんでしたが、私が自ら快くその力を明け渡したのです。あとから振り返ると悲しい気持ちになります。彼らは私の人生において、私自身よりも主導権のある重要な存在になるほどのことは何もしていません。それなのに、私が力を明け渡したことで、私を粗雑に扱い、弱みにつけ込む隙を与えてしまいました。そしてもちろん、彼らはつけ上がり、私は痛い目を見ました。

いついかなるときも私のそばにある、最も信用のおける愛にあふれた関係は、他ならぬ私自身との関係であることに気づいた瞬間を私は一生忘れないでしょう。まるで世界が180度変わったかのような気づきでした。私が人生のどん底で独り辛い思いをしていたとき、私自身だけが私と一緒に耐え忍んでくれました。私が自己嫌悪し、捨てられた気持ちになり、自分を疑い、傷つき、恥に苛まれていたときも、励まし導いてくれたのは私自身でした。

傷心から立ち直るとき、私は自分自身に約束しました。もうこれ以上、私の心を癒やし、今の私を作った手柄を他の誰かに譲り渡したりはしないと。私のために時間を使い、無条件に愛し支えてくれる心優しい人たちも確かにいて、感謝の念に堪えません。それでも私自身の成長を彼らの手柄にすることはできませんし、彼らもそんな手柄を欲しいとは思っていません。

私がそうだったように、あなたもまた、まさかここまで来られたのが自分自身のおかげだと、手柄を自分のものにしていいのだとは思いもよらないことでしょう。家族からは褒められるよりも貶されることのほうが確実に多く、子供の頃の私は幼いがゆえに、心の底から彼らの見ているものを信じていました。子供は親を信じるものです。他に選択肢などないのですから。大人になるにつれ、出来損ないだと信じ込まされてきた私が立ち直り始めてからも、果たしてそれが私自身の力で成し遂げたことなのか、どこか半信半疑でした。自分に人生を変える力があると自覚できたときは、凄まじい解放感を味わいました。そしてあなたも、この力を持っているのです。

幸せのヒント

あなた以上にあなたを愛し、癒やせる人はいません。
あなたをこの世で一番よく知っていて、一番深く愛せるのはあなた自身だからです。

小休止

大切な人を失って傷ついた経験を振り返ってみましょう。あなたを幸せにする力を誰かに明け渡したことはありますか？ あるとしたら、どのような結果になり、その経験からどのようなことを学びましたか？

## 強さの裏側

私はよく人に「強いですね」と言われます。健全な人生を生きるために、破滅的な毒家族やその他の人間関係に対して境界線を設けたことについてそう言われるのです。私の中に、自分の強さを力強く肯定する部分があるのは事実ですし、それについて他の人に尊敬の眼差しを向けられるのは悪い気はしません。ですが、その強さの裏には、多くの人が気づかない真実が隠れています。確かに私はよく、勇敢に見える行いをします。ほとんどの人が避けて通りたがることをあえて行いますが、誤解してほしくないのが、何も私が勇敢だから勇敢な行いをしているわけではありません。単に「やらなくては」、もしくは「やりたい」と思うからしているだけなのです。はたから見たら強さに見えることも、当人の胸の内はそうではないかもしれません。私の場合、勇気のいる決断をするときはまさにそうです。いつも不安や恐怖、混乱、悲しみなどの感情に押しつぶされそうになりながら、やっとの思いで勇敢に見える行いをしているのです。

小休止

健やかで幸せな精神を守るために、勇気を出して過酷な決断をしなければならないとき、どんな気持ちになるか考えてみましょう。人に「強いですね」と言われたら、どう感じますか?

家族との繋がりが希薄だと、勇気を出すのはさらに難しくなります。大人になってから、家族以外の毒になる人との関係を終わらせるには、相当勇気を振り絞る必要があります。なぜなら、その人との関係を切ったら、完全に独りになってしまうという不安の中で生きなければならないからです。それを避けるために、自分がすべての元凶だと思い込もうとする場合もあります。確かにあなたのほうにも、悪い相手を選んでしまうという点で問題がないとは言い切れません。ですが、精神的に虐げてくる人から逃れるために関係を終わらせるのは、たとえすぐに明るい気持ちにはなれなくとも正しいことであり、勇敢なことです。

勇敢な決断をしても明るい気持ちになれなければ、本当に自分の傷が癒えつつあるのか実感することは難しいでしょう。勇気を出して有害な人間関係を終わらせ、それでも喪失感に苛まれている状況では、心の傷が一生治らないような気さえすると思います。誰かを失った痛みの上に、また別の誰かを失った痛みが積み重なって、傷が増え続けていくように感じるでしょう。

ですがこれこそが、幼少期の深いトラウマから立ち直るために通らざるを得ない道なのです。あなたが立ち直るときも、きっと似たような道をたどることになるでしょうから、誰かを失って悲しい思いをするのはもはや避けられないのだということを受け入れてください。苦難の中でこそあなたは成長できます。すべてが順風満帆のときに人は成長しません。あなたが立ち直るために前へ進むとき、一切辛い目にあうことのないまま、本来のあなたの強さと輝きを取り戻すことなどできないのです。

## 傷が完全に癒える日は来るのか

どんな形だろうと誰かを失って自分の世界が揺らぐたびに私は、どうしようもなく欠けている自尊心を完全に取り戻せる日など来るのだろうかと考えます。私は脳の扁桃体と海馬がどのように発達するかを知っているので、精神的虐待によって刻まれた深い傷が完全に消えることはないと思っています。その代わり、トラウマが呼び覚まされるたび、前よりも強く勇敢な戦士に成長できる可能性があると信じています。何かを達成したり、失敗したり、傷ついたり、様々な経験を通して、いつかあなたも自分の価値を認めてあげられるようになるはずです。そして再び立ち上がったならば、能力と思考を磨き、家族を作り、健全な人間関係を築き、1人の人間としてあなた自身をより深く愛し、尊重できるようになってください。

それでも私たちは、自分が本当に価値ある人間なのか、十分頑張れているのかという疑念を完全に払拭できずにいます。愛とは努力の見返りに得るもので、一生懸命維持しなければならないものだと刷り込まれているのです。どれほど傷を癒やしたとしても、いざ誰かを失いそうになったり、誰かに拒絶されそうになったりすると、あなた自身に突きつけるかのように自尊心の欠如が浮き彫りになります。

ならばどうするべきなのでしょう。そんなときは、自尊心に助けてもらえない分、あなた自身が立ち上がるしかありません。私は悲しみのどん底にいるときこそ、自分のために強く在れる気がします。私のために頑張れるのは私だけで、味方になってくれるのも私だけだとわかっているからです。私自身が最後の頼みの綱なのです。これまでも、そしてこれからもそれは変わりません。それだけは何があっても揺らがない真実です。私はただ前に進み、目の前にある次のステップへ踏み出すことに集中するのみです。

小休止

人生のどん底にいるとき、あなた自身はあなたに寄り添えているか、考えてみましょう。寄り添えているなら、どんなふうにあなた自身の助けになってあげられていますか？

自尊心の低さを、むしろあなたという人間の一部として見なすこともできるかもしれません。自尊心の低さを欠点として責めるのではなく、あなたという人間の魅力の1つとして捉えるのも一案です。その弱さがあなたを導き前進させ、成長させるのですから、常に教えを乞い、敬意を払い、守り、育むべき一面だと言えます。

この世界を渡り歩き、様々な人と関わりたい、もしくは関わりたくないと思う中で、あなたが一番優先するべきはあなた自身との関係です。他の人との関係がどう変化しようが、あなた自身は必ずあなたのそばにいます。そして無条件に自分自身を支えられるようになればなるほど、他の人にも本当の自分をさらけ出せるようになります。いつの日か、弱さを隠さず本当のあなたを他人に見せられる日が来たら、それほどまで成長できた自分自身を褒め称えてあげましょう。

家族に頼りたかった分だけ、代わりにあなた自身に頼っていいのだということに気づけたと思います。このような高度なセルフケアができるようになったら、たとえ絶縁後に虐げられたとしても、道を見失うことなく進んでいけるでしょう。

# PART 3 絶縁後の後処理

# 第13章 報復しようと追いかけてくる家族

この章はあなたに警戒を促すためのものです。たとえすでに毒家族と絶縁し、適切なレベルの境界線を設け、順調に立ち直るための努力を始めていたとしても、そんなことで毒家族は言動や態度を変えたりしません。ですから、あなたの家族がそんな人間である理由を理解するのが必要不可欠です。彼らを理解できないのはそれだけあなたが正常ということなので喜ぶべきことかもしれません。ですが学べば学ぶほど、あなたの中で様々なことが腑に落ち、理解が深まれば深まるほど健全な人間に近づけるのです。

幸せのヒント

悪魔が講じた最も狡猾な手は、人々に悪魔など存在しないと思い込ませることでした。

精神的虐待が行われている家庭に立ち向かうときは、知識が力となります。あなたの成長には、自らを教育し続けることが極めて重要です。家族があなたを不当に扱ったのは、決してあなた個人が原因ではなく、彼ら自身の人格に根本的な問題があったのだという事実を何度も繰り返し思い出してください。精神的に機能不全を起こしている人たちは、芯の部分では自己嫌悪と恥に苛まれているのです。ただし、家族の在り様について知識を蓄えるとき、彼ら自身もトラウマを抱えているからといって、あなたをその捌《は》け口にしていい理由にはならないということを忘れないでください。

健全な人を理解しようとするのと同じように毒になる人を理解しようとしても、ますます混乱するだけです。毒になる人たちは、あなたの対極に位置する人間だと考えたほうがわかりやすいでしょう。共感能力の高いあなたは、自分よりも他の人のことを考えますが、毒になる人は自分を何より優先します。人間関係において、あなたは自分が相手をどんな気持ちにさせているかを気にしますが、毒になる人は自分がどんな気持ちにさせられたかを気にします。そして、あなたは自分が相手に何をしてあげられるかを考えますが、毒になる人は自分が何をしてもらえるか考えます。

## 反直感的な家族

あなたの家族を一言で説明しようと思うと「反直感的」という言葉がぴったりです。彼らの印象は、その裏に隠れた本当の姿とは似ても似つきません。家族の看板について話したことを思い出してください。毒家族の掲げる看板は、突き詰めてしまえば嘘の塊です。表面的には素晴らしく見えても、その内実はひどい機能不全に陥っているという広告詐欺に他なりません。「私の家族が歪んでいるなんて誰も信じてくれない。家族はみんなに好かれているんです」。これまで一体何人のクライエントからこの言葉を聞いたか、数えきれません。現実には、あなたの家族は欲しいものを手に入れるために狩りをしていると言っていいでしょう。人から注目され、感情を向けられることで、力を得た気になっているのです。

## 捕食と点数稼ぎ

無理やり言うことを聞かせるような家庭は、家庭内の交流のみならず他人との交流においても、強欲な点数稼ぎの思考が根底にあります。子供たちでさえもその支配的なやり口から免れることはありません――むしろ子供たちが一番の被害者です。なぜなら自分よりも小さく、弱く、しかも自分に頼る他ない存在のほうが御しやすいからです。さらに子供は自分が受けているのが「支配」や「精神的虐待」であると認識できるほど精神的に発達していませんし、そうと分析するだけの能力もありません。子供の頃のあなたは、家族がなぜ会う人全員に対して、言葉にせずとも全力で対抗心を燃やしているのか理解できなかったでしょう。しかも彼らはあなたに対しても対抗心を燃やしていました。彼らは脆い自我を守るために、脅威になりそうな存在すべてを威嚇し、自分が他の者よりも優秀で力のある存在だと永遠に証明し続けなければならないような気になっています。そんな点数稼ぎに固執していては平穏な人生を送れるはずもなく、そのしわ寄せが他の人の人生――特にあなたの人生に来ているのです。ですが彼らにとって、自分以外の人の人生はどうでもいいのです。

## 勝ち組と負け組

あなたの家族にとって、人間は2種類しかいません。勝ち組と負け組です。彼らにとって世界はパイの奪い合いであるため、彼らはどんな手段を使ってでも勝ち組になろうとします。人に貶されたり、軽んじられたりするのは耐えがたい屈辱です。例えば、グループの中で自分以外の誰かが褒められたら、屈辱的に感じるでしょう。彼らの心中では、称賛を受けた人に対する嫉妬と憎悪の感情が渦巻きます。たとえその称賛を受けたのが自分の子供だったとしても、相手を排除したいという思考に支配されます。

悲しいことですが、彼らは自分の脆い自我にとって少しでも脅威になりそうなものは、即刻見つけ、排除しようとします。脅威がなくならないようなら、それこそどんな手を使ってでも殲滅にかかるでしょう。彼らは誰かに自分の矮小さ、弱さ、欠点を突きつけられるのを何より恐れています。誰かに見くびられたり恥をかかされたなら、何十年と腹の中で飼っていたかのような恐ろしいまでの憤怒を解き放ち、相手を口汚く罵り精神的にめちゃくちゃにするまで攻撃の手を緩めないでしょう。あなたが家族と絶縁したあとの彼らの行動は、まさにこの報復衝動から来るものです。ひとたび箍《たが》が外れてしまったら、獣のように激しく怒り、耳を塞ぎたくなるような罵詈雑言が飛び出してくるなどとは、毒になる人とあまり関わったことのない人には想像もつかないでしょう。あなたに裏切られたと感じたら、彼らはあなたを犯罪者かのごとく執念深く追いかけます。そしてあなたに報いを受けさせるまで、決して手を緩めることはありません。

家族の虐待の標的になっているときの恐ろしさは口では言い表せません。自分自身のために立ち上がるのが恐ろしいのではなく、彼らのとめどない悪意と癇癪が恐ろしいのです。彼らに自分を律し、踏みとどまるという選択肢はありません。彼らにとって敵と見なした相手を破滅させるのは当然の行為なのです。ですが、そうとわかってはいても、同じ家族にそのような精神的暴力を振るわれることに慣れる日は決して来ないでしょう。絶縁さえすれば、やがて家族はあなたの沈黙にうんざりして、別の誰かを標的にするだろうと考えるかもしれません。ですが実際には、同じ血を分けた人間が大胆にも逆らい、自分たちの脆い自我に傷をつけたとなると、彼らの怒りは爆発します。

もし家族から離れるのがあなた1人だけなら、そう簡単には自由にさせてもらえないでしょう。ですから縁を切ったあとに家族に対してどのような対応をするか、あらかじめ準備しておく必要があります。次の章では、よくある困難とその対処法について見ていきます。

# 第14章 二次的虐待――形を変えて忍び寄る毒家族の影

私自身とクライエントの経験談を見ると、たとえこちら側から連絡を取るのをやめても、家族が虐待と支配をあきらめない場合が多いことがわかると思います。頻度は劇的に落ち、やり口は変わるかもしれませんが、完全にはなくなりません。家族は境界線を無視してあなたの人生にあの手この手で干渉してくるので、これからその手口について触れていきます。実例を交えながら、中でも最もよく使われる手口とその対策を見ていきましょう。

## 二次的虐待

二次的虐待とは、二次的な人が、あなたに対して行われている虐待に気づけなかったり、事の次第を理解もしくは確認できないときに見せる反応のことです。二次的な人とは虐待の当事者でない第三者のことで、彼らの多くは虐待を目の当たりにしても、陰湿な精神的虐待を認識できません。こうした人々が虐待に対するあなたの反応を責めたり疑ったりすることを二次的虐待と言います。あなたに説教して言い聞かせようとする人は少なくないでしょうが、それ以前にあなたを疑い、圧力をかけること自体が二次的虐待なのです。また、あなたをよく知りもしない人たちが、あなたをひどく出来の悪い人間だと思い込み、家族の諍いに参戦して攻撃してくることもあります。あなたに対する誤解が刷り込まれているせいで、深く考えもせずに虐待に加担するのです。毒家族は大抵、徒党を組んで虐待をします。この章では、最も一般的な、贈り物と手紙、経済的虐待、病気と死に関わる二次的虐待について詳しく見ていきます。

## ▼贈り物と手紙

接触不可のルールを設けたあとも、家族はあなたにプレゼントや季節のカードなどを送り、接触を図ってくるかもしれません。そしてそうしたプレゼントやカードには、第三者にはわからない攻撃的なメッセージが隠されていることがよくあります。私も絶縁して最初の2年間は、家族から、私たちの関係性の実態に全くそぐわない、気味の悪いほど優しい言葉が書き綴られたメッセージが送られてきました。これまでの非道な仕打ちなどなかったかのような顔でプレゼントやカードを送ってきたのです。虐待の事実を無視して大げさな言葉や豪華な贈り物を寄越してきたところで、本当の謝罪にはほど遠いですし、それによって関係が修復されることもありません。毒家族は心にもないことを言って、巧妙にあなたに関わろうとしてきます。

幸せのヒント

**毒家族は一見、愛情の詰め合わせに見えるものを送りつけてきて、虐待の手を伸ばしてきます。**

家族が絶縁後も贈り物やカードを通して執拗にあなたに構うのは、周囲に対して自分たちが「善良な人間」であるというイメージを作り上げ、あなたについて吹聴している悪口の信憑性を高めるためです。彼らは決してあなたのためにものやカードを送るのではありません。あなたを支配したいがために送るのです。部外者であるあなたの友人、子供、いとこ、叔母、叔父、恋人は、優しい言葉の裏に隠された本当の意図を見抜けず、家族の言葉を真に受けてしまい、向こうは歩み寄ろうと努力していると言うかもしれません。あなたの家族が「善良であること」よりも「善良に見えること」を優先するような人たちだと理解してもらうのは難しいことです。毒家族の見せかけの感情を鵜呑みにした人たちは、あなたを悪者だと決めつけます。家族の歩み寄りに応えようとしない不届き者だとして糾弾してくる人もいるかもしれません。こうした部外者が間違った思い込みによってあなたの敵に回ることこそが二次的虐待なのです。

絶縁後は、このように周囲の人たちがあなたの家族の嘘や外面を真に受けて丸め込まれるのは、立ち直るための旅においてはどうせ起こること、くらいに考えて受け流せるようになるといいでしょう。なぜなら、あなたが彼らに立ち向かってまで守るべきものは何一つないからです。貴重な時間と精神的な労力を使ってまで、あなたについての悪しき嘘を信じ込むような人たちの信用を得る必要はありません。あなたの家族が本当はどんな人たちなのかは、あなた自身が一番よくわかっています。大事にされず尊重されないのなら、その輪から去る権利があなたにはあります。そして、その決断について誰かを説得する必要はないのです。

## ▼経済的虐待

経済的虐待も、毒家族が何らかの手口で使ってくる二次的虐待の1つです。精神的虐待を行う親が、子を操るために金銭を武器にするのは常套手段です。親があなたに何か与えるときは、大抵の場合、あなたに罪悪感を抱かせ恩を着せるためでしかありません。毒親にとって子は便利な道具に過ぎず、それぞれの欲求や願望や感情を持つ一人の人間として扱ってはくれません。このようなタイプの家庭においては、お金をかける代償として大人しく従うことを要求されます。合理性の欠片もない、相手を支配しようという思惑に満ちた家庭環境です。毒親の多くは、子供のためにお金を使うのは普通の子育ての一環ではなく、犠牲を払う行為だと考えています。

私のクライエントたちの話でも、シャンプーや食料といった生活必需品を買ってやることさえ厭う親がいると聞きます。そんな親に育てられたら、子は親にお金を払ってもらうたびに自分が彼らの負担になっているような気がしてしまいます。それも、家庭が経済的に困窮しているからではなく、自分がお金をかけるに値しない人間だと感じるからです。悲しいことに、このような家庭環境で育った人は大人になってからもなかなか何かをもらうことに慣れず、人に助けてもらうことにも抵抗があります。何かを受け取ったら反射的に、相手に借りができたように感じてしまうのです。そのせいで、自分を愛してくれる人たちに何かをしてもらっても素直に喜べません。

私のクライエントたちを含め、これまで私が出会ってきた人たちは、過去に家族から経済的な援助を受けたり、何かしらの形で金銭を受け取ったりしたことのある人がほとんどです。ですが、その中で経済的に甘やかされたり、過剰な援助を受けたりした人は1人もいません。つまり経済的虐待とは、甘えた人間が理不尽な金銭的要求をする行為ではありません。健全な家庭では、親や祖父母、時には兄弟や親戚までもが愛する家族のために、相手が大人になってからも経済的に手を差し伸べるのはなぜでしょうか。それは、健全な家族は相手の年齢にかかわらず、愛する人に満たされていてほしいと願うからです。彼らは大切な家族が大変なときや、大きな出来事や変化を乗り越えようとしているときに、相手の成功や幸せのためにできることをしてあげたいと思っています。一方で毒家族と絶縁すると、残念ながら彼らは金銭を餌にあなたを支配しようとします。

家族との絶縁後、彼らが吹聴したあなたの否定的なイメージが、財産や遺言を管理するために雇われた第三者の客観性すらも捻じ曲げてしまうことがあります。まさにその例となった私の体験と、あなたが同じような出来事に直面したときの対処法について話していきます。

---

最近、家族が祖母の遺した信託財産を利用して私を抑え込もうとする出来事がありました。ある日、祖母の信託財産の管理を任されていた女性が、これから私と私の兄弟は信託財産の四半期報告を受け、元金の取り崩しができるようになると言ってきたのです。祖母は次の世代、つまりいずれ生まれてくる曾孫たちの教育のためにお金を使ってほしいとはっきり言っていましたが、実際の契約書には、家族のとある人物が好きに使い道を決める権利を有すると書かれていました。

私は信託財産の管理者に、家族との関係が良好でないことと、そのせいで私とその人物と銀行との間で合意した、子供の教育費として財産を使う取り決めがきちんと守られないかもしれないという懸念を伝えました。そんな私に、管理者は必ず客観的立場から公正に対応すると請け合いました。しかし実際に引き出された金額を見ると、その家族が自分のためにお金を引き出していたことと、私の兄弟が自分の子供を高い私立高校に入れるために、すでに過去2度にわたって大きな金額を引き出していたことがわかりました。しかもその1度目については、私がお金を引き出していいと言われるより1年も前に引き出されていたのです。

疑念を確かめるために、私は管理者にメールを送りました。兄弟が子供のために引き出した金額と同じ額を、娘の教育費に充てるために引き出したいと申請したのです。それも、信託財産を管理しているのと同じ銀行の口座に振り込んでもらうことで、私自身のためではなく娘のためにそのお金が使われることを証明すると申し出ました。そこで、そもそも銀行と私の家族が最初の取り決めについて合意していなかったという事実が判明しましたが、管理者はそれすら教えてくれませんでした。それどころか、私のメールは無視されたのです。財産の管理者が無視をするというのは、典型的な二次的虐待です。家族が、私を支配するための手駒として管理者を抱き込んだのです。

私を心配してくれる人たちは、法律の専門家に助言を求めるべきだと言いました。当初は気が進みませんでしたが、結局私の中の真実を確かめるために弁護士に相談しました。思った通り、彼らは祖母の遺したお金を使って私を支配しようとしていました。

それを主導している家族は、私に対してそんな仕打ちをするのは当然のことだと思っています。家族には、私に心から謝罪したり、私とうまくやっていくために最低限の思いやりや公平さを見せたりしようという気はありません。それどころか、私の娘の将来を脅《おびや》かすことで私に復讐しようとしています。彼女は、私の子供が当然自分の支配下にあるべきで、今もこうしてあらゆるものを奪うことができるのだと、ただ自分の力を誇示するためだけに、私に信託財産に関する書類を送ってきたのでした。ですが彼女は間違っています。私からも私の子供からも、何でも奪えると思ったら大間違いです。どんなことをしようと、私たちの尊厳を奪うことはできないのですから。

あなたが受けている虐待が本当に虐待なのかと大切な人たちに疑われるのも、二次的虐待を受けていることになります。あなたを、自身が支配されそうになっていることをしっかりと認識している聡明な人間ではなく、理不尽で繊細すぎると捉える人は大勢いるでしょう。

経済的虐待にあったときにできるといいことを3つ挙げます。

1. 相手が意図的に駆け引きしていることを認識する。
2. どんな行動をとるか、あるいはとらないか、法律の専門家に相談する。
3. 冷静に前に進み、自分を守るために虐待の悪循環を断ち切る。

家族が私を経済的に支配しようとしてきた一件について、どう決着をつけたのかお話しします。もし似たような状況でどうするべきかわからなくて困っていたら、参考にしてみてください。私は次のようなメールを信託財産の管理者に送りました。

○○様

本日弁護士と話し、わかったことがあります。私には、祖母が私と私の娘のために遺してくれた財産をもらう権利がありますが、同時に、その恩恵を受けるすべがありません。なぜなら、あなたのクライエントはあくまで「お金の使途を決める権利を有する家族」であって、私ではないからです。兄弟が子供のために引き出している金額と同じ額を私の娘の教育費のために引き出したいと私がご連絡しても、一切ご返信いただけない理由がわかりました。よって、私が得られないものをわざわざ見せつけるための四半期報告書については、今後送っていただかなくて結構です。

私自身と娘のことは十分に自分で面倒を見られますので、お気遣いなく。私たち2人にとっては、愛情こそが何よりも力強い糧になります。

その権利者の死後、もしまだ祖母の信託財産が残っていたならば、そのお金は私の娘の口座に入れる所存です。

よろしくお願いいたします。

シェリー・キャンベル

この経験談があなたの役に立つことを願っています。これ以外にも、絶縁後に経済的虐待にあったときにできることはいくつもあります。経済的虐待は、毒になる人が相手を支配するためによく取る手法だということを覚えておいてください。

シャノン・トーマス氏は著書『Exposing Financial Abuse: When Money Is a Weapon（仮邦題：お金が虐待の道具になるとき）』（未邦訳）の中で、毒になる人が消極的に、あるいはあからさまにすべての財布の紐を握っている場合、お金を武器にした虐待にはきりがないと言っています。時には銀行口座や信託財産からお金を引き出せないようにしたり、あるいは金銭的に不平等な扱いをしたりといったことも行われます[21]。子の年齢に関係なく、経済的虐待を行う親に金銭的に切り離されるのはとてつもなく恐ろしいことです。私自身、順調にキャリアを積んではいても、信託財産のことを何度も聞かされると、私に何かあったときのために娘にお金を遺せることに安心しました。

幸い、経済的虐待を受けたり、信託財産のお金をだしに支配されそうになったりしたら、できることがいくつかあります。私のクライエントの中には、法的措置を取った人たちもいます。損失から自衛するために、一時的に取り繕って毒家族のもとへ戻った人たちもいます。もしくは私のように、お金から手を引き関わりを断つ選択肢もあります。あなた自身の状況をよく見て、最終的にあなたのためになる行動を選んでください。そのためには、次のいくつかの質問に、あなた自身の答えを出してみるといいでしょう。

健全な家族なら、遺言や信託財産をどう扱うでしょう？　これを考えることで、無条件に愛され受け入れられる家庭においてはどれほど違う結果になるかが見えてきます。もし私の家族がまともな家族だったなら、兄弟が子供のために使ったのと同額のお金を、私の娘のために渡してくれたでしょう。私の例を抜きにしても、まともな家族なら、あなたが立ち直り始め、心の準備ができたときにはいつでも話を聞くと言ってくれるはずです。そして自分たちのせいで関係がこじれてしまったことを深く反省するはずです。

幸せのヒント

**健全な家庭なら、家族に対して駆け引きや無理強いをしたり、衝動的に感情をぶつけたりすることはありません。**

あなたがお金から手を引くことで、家族の「勝ち」になるでしょうか？　あなたの家族がお金を使ってあなたに二次的虐待をするのは、お金こそが彼らの力の源であり、彼らが崇拝する神様だからです。彼らがお金を神のように崇めるのは、お金があれば神の真似事ができるから——自分の子や兄弟、孫、その他の家族を支配できるからです。経済的虐待をする一番の目的は、あなたが自分たちから離れていかないように、身動きを封じることです。幸い、あなたにとってお金は神様ではありませんし、一度だってお金のために魂を売る必要はありません。もらえるはずのお金を突っぱねたら、家族に勝ちを譲ったことになると考える人は必ずいます。あなたにはお金を受け取る正当な権利があるのだから、家族の妨害に抗ってでもそれを勝ち取らなければ、勝ったことにならないと言う人もいるでしょう。ですが忘れないでください。縁を切るというのは、勝ち負けの話ではありません。そこには、自由と幸福を手にするか、しないかの違いしかないのです。他人がどう思おうと、気にする必要はありません。私自身、たとえ家族が「自分たちの勝ちだ」と思っていたとしても、痛くも痒《かゆ》くもありません。私は何も失っていないのですから。私は、彼らが持っていない、かけがえのない自由と幸福を手に入れたのです。

## 病と死

二次的虐待は、年齢を重ねるにつれ発現する毒家族の精神的、あるいは身体的病気とともにやってくることもあります。そのような事態になったときにどんな気持ちになるかは、そのときになってみないとわかりません。ほとんどの人は、家族の病気や危篤の知らせを受ける日が来るでしょう。毒家族はその機会を利用して、あなたの人生に再び介入しようとしてきます。それには例えば、次のようなやり口があります。

### ▼スパイを送り込む

手始めに、毒家族はあなたの親しい人を使って知らせを届けようとするでしょう。それがうまくいかなければ、もっと関係の薄い人を使ってあなたの虚を衝いてきます。家族は、あなたが一方的に家族を捨てたせいで他に連絡手段がないと言って、その第三者に近づきます。この嘘のせいで、その人に接触される前からすでに二次的虐待の土俵を整えられてしまいます。あなたの家族は、本来個人的な事情を話すほど親しくもない相手に、家族と接触を絶った経緯や、家族の死に際にどう向き合うかを説明しなければならないという気まずさをあなたに味わわせたいのです。あなたの決断を人目に晒し、まるであなたが人間性を欠いているかのように見せて恥をかかせようとします。あなたに知らせを届け、聞いてもいないのに意見を言う第三者として誰を選ぶかは関係ありません。これはれっきとした二次的虐待です。

このような場合は、本来メールなどで知らせを届けるのが適切です。あなたも知っている通り、あなたの家族は人の感情を掻き乱すことを生きがいにしています。ですから、あなたにメールで知らせを届けたり、医療関係者や弁護士などに通知を依頼したりといった、支配欲を満たせない方法をとることはありません。私の家族も、第三者を使って父が死にかけていることを知らせてきましたが、話の重大さから、その人物が私に伝えるために父の容態について詳しく聞いたところ、家族は卑劣にも、詳しいことが知りたければ直接連絡を取るようにと言ったそうです。父の死期が迫っているのを利用して、私の接触不可の境界線を破ろうとしてきたのです。毒家族は自分の欲望を満たすためならどんな卑劣な手段も使います。しかも、あなたが悪者に見えるように画策するのです。

### ▼SNSやネット

父の死から2週間後、葬儀の2日前に、私は初めて父が死んだことをネット上で知りました。家族は、私に父の死を知らせないのは正しい判断で、私の自業自得だと思っています。このような対応の非道さは、毒家族に虐げられたことのない人に理解してもらうことはほぼ不可能です。

多くの人は、私たちが接触不可の境界線を設けたあとに毒家族が死んだところで、大した衝撃はないと誤解しがちです。自分のほうから家族との間に境界線を設けたのだから、傷つくのは自分のせいだと思われるのです。

ですが思い出してください。私たちには皆、自身の精神の安寧と幸福のために境界線を設ける権利があるのです。

毒家族の死というのは、他の何とも比べられない独特な辛さをもたらします。健全な家庭で育った人は、家族が死んでも自分がいつも愛されていた実感を持っています。家族との幸せな記憶が人生にちりばめられており、時折思い出しては温かい気持ちになれるでしょう。それらは一生抱えるに値する大事な記憶です。しかし毒家族が死ぬと、たとえあなたが立ち直り始めていたとしても、あとに残るのは痛みとひどい記憶だけです。そしてその苦しみにあえぎながらも苦しみの理由を探さなければならないのです。

ただし、立ち直りとはあなた自身が成し遂げるものだというのが救いになります。あなたを不当に扱ったことを毒家族に認めてもらうことで立ち直ろうとしているのなら、本当の意味で立ち直ることはできません。叶うはずもないことを待ち望んだまま、苦しみの中に取り残されるだけです。

立ち直ることを決意することこそが第一歩です。自分の苦しみに意味を見出したとき、立ち直り始めることができるのです。立ち直るというのは、能動的に前へ進む行為です。悲しむというのもまた、能動的なプロセスです。幸せを生むのはいつだって能動的なプロセスなのです。

感じたいことを感じてください。

あなたの周りで起こることに対処してください。

セルフケアとセルフ・コンパッションを意識して心を癒やしてください。

自分のペースで前へ進みましょう。

## ▼毒家族が死んでも連絡を取らない

絶縁した相手が死んだと知ったら、まずは落ち着いて息をしましょう。家族が死んだからといって、あなたを虐げる家族と接触する義務はありません。父親が死にかけていることを私に知らせてくれた人は、父の連絡先を教えてくれましたが、父が以前、私から連絡をもらいたくないと言っていたことも教えてくれました。よく考えたあと、私は結局父に連絡をしないことにしました。それが父自身の願いでもありましたし、その上、7年前に最後に父と話したとき、ずいぶんと残酷な脅しの言葉を投げつけられたのです。一方的に電話を切られ、それ以来一度も話していませんでした。7年前のその日、私はそれが最後の会話になるだろうと予感していました。父は決して態度を変えようとしなかったからです。過去にも、父が怒りくるって何年も連絡を絶ち、そのうち私のほうから歩み寄るように他の家族からプレッシャーをかけられるということがありました。父との関係においてはいつだって、私のほうから歩み寄って水に流し、父の機嫌を取ることを強いられてきました。そのせいで何度もまた虐げられてきました。そんなことがあっては、安心して父に連絡を取れるはずがありません。

小休止

このような状況に陥ったとしたら、どんな気持ちや思考になるか考えてみましょう。罪悪感を覚えますか？　怖くなりますか？　また、それはなぜでしょう？

### ▼誰かの良心に応える義務はない

客観的に見て、長いことゆっくりと癌と戦った日々を経ても、父は私との関係を修復するために歩み寄ろうという気にはならなかったようです。ですから、死が近づいたからといって今さら何かが変わるとは思えませんでした。私との関係を変えたければ、それまで何年もの猶予があったはずですから。私から連絡をしたらどんな反応が返ってくるかもわかりませんでしたし、予測のつかない不安定で恐ろしい場所に再び身を置くつもりにはなれませんでした。経験からいって、父は絶対に私を傷つけようとしたはずです。もし愛情深さを見せたとしても、それが本心だとは到底信じられません。死の間際に責任から逃れるために、私の弱さと、父親に引き寄せられる自然な感情につけ込もうとしているだけに過ぎません。

もちろん、父に傷ついたまま死んでほしかったわけではありませんが、父が良心の呵責に苦しむか否かを私の責任にされるわけにはいきませんでした。罪悪感なしに最期を迎えたいのであれば、それは父自身が人生を通して成し遂げるべきことであり、その機会はいくらでもあったはずです。死を前にしたからといって、父の人間性が変わるわけではありません。

父はロボトミー手術で脳をいじられたわけではなく、癌を患っただけです。父は自分の手でほとんどの人間関係を壊し、仕事で成功するチャンスも逃してきました。私は、自分の子供に味わわせたくないことは自分自身にも味わわせないと決意しました。父が死にかけているからといって、利用されたり、精神的に虐待されたりするのを看過するわけにはいきませんでした。本来父が気にするべきは、私が心から幸せな人生を送れているかどうかだけなのです。

毒家族が死に瀕したときにあなたがどういう状況にあるかは、あなた自身にしかわかりません。何が正しくて何が間違っているかなど誰にも決められませんし、すべての人に当てはまる正しい公式があるわけでもありません。どんな結論を出そうと、あなたの本心を見つけ、あなた自身にとって一番いいと思う選択をしてください。そして、その選択について誰かに弁明する必要は一切ありません。

幸せのヒント

人は死を目前にしたからといって変わるわけではありません。変わろうと決意することで変わるのです。

## ▼死の知らせを受けても境界線を維持するのは非情か？

家族の死の知らせを受けても、境界線を維持し、距離を取り続ける選択をしたからといって、あなたが非情な人間ということにはなりません。実際私は、父が死にそうだと聞いてとても胸が痛みました。非情どころか、胸が張り裂けそうでした。家族との関係がどんなものであろうと、家族が死ぬと聞いて何とも思わない子供はいません。悲しいに決まっています。父が死に瀕していると知ったとき、想像もしていなかった色々な気持ちがないまぜになって襲ってきました。頭の中を父との記憶が駆け巡り、父のせいで辛い思いをした日々とともに、ごく稀にあった、希望を感じられる幸せな瞬間もよみがえりました。また、取りつかれたように父が死にゆく姿を想像しては、精神的に追い詰められました。

父はカッとなりやすいたちで、怒りを爆発させることがたびたびあったため、私は物心ついたときから父のことを恐れていました。病気で衰弱した父の姿を想像するとかわいそうに思いましたが、同時に不安な気持ちにもなりました。父が死んだら私のプライバシーが失われてしまうかもしれないというような、全く支離滅裂な考えが浮かんだからです。どうしても、死ぬことで父が私の人生に好き勝手に入り込めるようになるような気がしてしまい、気味の悪さを感じました。また、最後まで父に連絡しないことを選んだせいで、周りにひどく誤解されるのではないかと怖くなりました。かといって、父に電話するのは、想像しただけでも恐怖で吐きそうになりました。決して意固地になっていたわけではなく、長いこと父を安全な人だと思えなかったために、体中が拒否していたのです。

だとしても、相手が私の父親であることに変わりはありませんでした。そしてこのとき、その父親との関係に希望がないことがはっきりしました。もっとも、希望などもともとなかったのですが。本来なら愛し支えてくれる心強い存在であったはずの父親を得られなかった私は、ずっと心に大きな穴があいたまま生きてきました。父が死にかけているからといって、その事実は変わりません。むしろ、穴が永遠に塞がらないということが確定しただけです。ですが一方で平穏ももたらされました。もうこれ以上父に傷つけられることはないという安心感から、父との間に、生前には得られなかったある種の繋がりを感じることさえできました。今はただ、父が安らかに眠れることを願っています。

あなたの自由を奪おうと、あの手この手を使って支配してくる毒家族の魔の手をくぐり抜ける中で、あなたが傷ついていることを認めてください。あなたは傷ついていいのです。これらの二次的虐待はあなたを傷つけるようにできています。どうして二次的虐待に傷つくのか、詳しく見ていきましょう。

## 二次的虐待に傷つく理由

私たちが二次的虐待に傷つくのは、私たちを最も深く傷つけることができるのが家族に他ならないからです。家族というのは、本来同じ家族を傷つける存在ではありません。偽りの気遣いや贈り物をしたり、経済的に虐げたり、病や死を利用して支配したりといった仕打ちには到底慣れることなどできません。まして、家族の陰湿な虐待を周囲に説明せざるを得ない立場に立たされると、精神力をとても削がれます。立ち直っていくうちに、あなたは賢くなっていくでしょう。どれほど辛く、腹立たしかったとしても、あなたを利用しようという家族の企みに一切反応したくないと思えるようになったら、精神が健全な方向へ向き始めた何よりの証拠です。さらに進むと、とやかく言ってくる人たちに対して弁明したいとすら思わなくなります。

**幸せのヒント**

あなたを再び取り込もうとする家族の策略を突き放せるようになったら、
順調に立ち直っている合図です。

辛い現実に直面したときにそれを受け入れられるように、日頃から訓練しておくのをお勧めします。悲惨な現実や、ネガティブな思考・感情はあたり前にあるもので、健全な精神を培うために必要なものだと受け入れられるようになりましょう。そのためには、積極的に自らの目標と価値観を決め、それらに準じて生きられるように努めるといいでしょう。

二次的虐待から立ち直る方法を紹介していきます。

**○二次的虐待は現実を呼び覚ましてくれるものと捉える。**

二次的虐待によって悲惨な現実を目の当たりにすると、重要なことを思い出せます。たとえ毒家族と疎遠になっても、彼らはその先もずっとあなたを騙し、人生に介入しようとしてくるという事実です。謙虚にその現実を受け入れることで、虐待をあなたが人として成長するための踏み台にできるはずです。家族を含め、誰かを支配したり、傷つけたり、無意味な報復をしたりしては、あなた自身が成長できません。

**○何が来るか予想しておくことで、受け入れる準備をする。**

毒家族に希望を持つと、悲惨な結果を招きます。健全な心を持つためには、あなたの家族がこの先もおそらく変わることはないという現実を受け入れましょう。たとえ変わることが彼ら自身のためになるとしても、彼らにとってそれは関係ありません。彼らが虐げてくることをあらかじめ想定できていたら、より対処がしやすくなります。

**○冷静さを失わないことを心がける。**

支配しようとしてくる相手に対して最も効果的なのは、まともに取り合わないことです。有害な相手のネガティブな反応に対して、こちらもネガティブな反応で応戦してはいけません。やり返したところで、あなたの傷がまた1つ増えるだけです。それを避けるためには、常に冷静でいられるように心がけましょう。

**○沈黙を貫く。**

毒家族は、あなたの人生に入り込み、境界線をすり抜けてあなたを虐げるためなら、どんなことでもするということを心に留めておいてください。時にはあなた自身すら気づいていない無防備な部分を突いてくることもあります。それはすべて、あなたが一生懸命築こうとしている平穏で安定した人生をめちゃくちゃにしたい一心で行われます。そんな彼らの仕打ちに打撃を受けたら、沈黙を貫くことこそが最も強力な対処法です。それ以外のことをしても、長期的に得することはありません。

**○心が傷ついたときは、その感情を否定するのではなく向き合う。**

自分の感情に向き合い、受け入れようとすることで、毒家族が引き起こす騒ぎに参加すべきでないことが理解できるようになります。個人的に自分自身の精神を分析するのは大変な作業ですが、それだけの価値がある大切なことです。感情を自分自身で処理できるようにさえなれば、必ず乗り越えられます。

さあ、これまでの人生で学んできたことを実践に移すときです。立ち直るというのは、長期的に安定した人生を送るために、毎日続けるべき能動的な行為です。立ち直るために積極的な行動を続けられれば、次のような結果が表れます。

○経験から学び、賢くなる。
○自分の成長のためにもっと投資するようになる。
○心の痛みを見過ごさず、しっかりと感じて受け入れられるようになる。
○家族から受けたひどい仕打ちに対して傷つき、ショックを受け、憤慨することを自分自身に許してあげられるようになる。それによって、傷を癒やすための努力ができるようになる。

家族が愛してくれない代わりに自分で自分を愛そうとすると、毒家族は必ず罰を与えてきます。なぜなら、あなたを支配したいからです。ですから自分自身を愛してあげるために、あなたの明るい人生を理不尽に制限しようとする家族からは離れましょう。誰であろうと、この世にあなたがなりたい人間になるのを阻んでいい人はいません。家族や親戚、家族ぐるみの友人、先生、元パートナーなどを含めて、誰にもその権利はありません。自由になる権利を取り上げるために、家族があなたにありとあらゆる刺客を送り込んでくることを想定しておきましょう。どのように準備しておくべきかは、次の章で詳しく見ていきます。

第15章

# 第三者やソーシャルメディアを利用した虐待

毒家族が共通の知り合いを使って故意に問題を起こすのは、ポストセパレーション・アビューズ（絶縁後の虐待）に含まれます。他にも、大きな集まりやソーシャルメディアなどの捌け口を使ってあなたの境界線を侵害しようとする場合もあります。絶縁後の虐待（あなたの状況を知らない第三者が知らず知らずのうちに虐待に加担してしまう二次的虐待とは異なります）とは、あなたが家族から完全に離れるのを阻止するために、毒家族が故意に行う残酷な仕打ちのことです。このように誰かの人生を支配しようとする行為は、心理的、あるいは精神的テロリズムと呼ばれることもあります。絶縁後の虐待を通して、毒家族はあなたにメッセージを送っています。どんな状況においても、あなたが彼らに逆らうことは許されておらず、もし逆らったら、代償を払うことになるというメッセージです。

小休止

あなたの家族が、これまで他人やイベント事、ソーシャルメディアを使ってあなたの境界線を侵したことがないか、思い出してみましょう。

毒家族がどのような手で絶縁後の虐待を行うか、この章で詳しく見ていきます。

## トライアンギュレーション――第三者に汚れ仕事をさせる

あなたの家族が、自らの手で直接あなたの接触不可の境界線を侵害してこなかったとしても、あえて他人を巻き込んで報復してくる場合もあります。このように第三者として企みに組み込まれた人のことを、文学においては「フライングモンキー」と呼びます。フライングモンキー（羽の生えた猿）とは、『オズの魔法使い』の小説および映画の中で西の悪い魔女が従えている生き物のことです。魔女は、ドロシーとその仲間たちがそれぞれの目的地や夢、人生の目標などを見つけるのを防ぐため（あるいは単にドロシーたちを拉致するため）、フライングモンキーの軍団を差し向けます。毒家族が三角関係（トライアンギュレーション）に組み込んであなたに差し向ける第三者は、このフライングモンキーにそっくりです。文学作品の中では、彼らは召使い、手先、兵隊などと呼ばれていますが、私は「メッセンジャー」と呼んでいます。なぜなら、彼らはあなたの境界線を無視してあなたの人生に家族の話題を無理やり持ち込むためだけに送り込まれる人たちだからです。

こうしたメッセンジャーの多くは、直接虐待に加担しているにもかかわらず、あなたに対して悪意があるわけではありません。あなたの家族がとてつもない説得力とカリスマ性を発揮し、自分たちこそがあなたに苦しめられているという嘘であなたを悪者に仕立て上げるのです。周囲の人の目には至って誠実な家族に見えるため、メッセンジャーが本当の加害者と被害者を見極めることは非常に困難です。彼らは、家族があなたに対して否定的で害意を持つのは、それほどあなたがひどい人間だからに違いないと誤解します。

**幸せのヒント**

毒家族は、あなたの悪口や嘘をメッセンジャーに吹き込むことで、自分たちの手先に仕立て上げます。
あなたが精神を病んでいるだとか、あなたに虐げられたとか、まるきり嘘の話を作らない限り、周囲にあなたの敵を作るという邪《よこしま》な目的を果たせないからです。

なぜメッセンジャーは、それほど無垢にあなたの家族の嘘に騙されてしまうのでしょうか。H・G・チューダー氏がそれを最もわかりやすく説明しており、著書『Manipulated（仮邦題：ナルシシストに支配される）』（未邦訳）にはこのように書かれています。「毒になる人は常に人を支配しようとする。毎日毎秒、一瞬たりとも周囲の人間を支配しようとしない瞬間はない。彼らはそのスキルを何年もかけて磨いてきた。毎日、相手に触手を伸ばし、自分に都合のいい思考に引き込もうとする。そうすることで、周囲の人間を、いつでも何度でも自分の望みのままに動かすことができる立場に立てるのだ[22]」。毒家族は、自分たちがあなたを虐待したこと、あなたが長いことそれに耐え、ついに健全な境界線を設けるに至るまで幾度となく彼らを許してきた真実を、トライアンギュレーションに巻き込んだ相手には決して伝えません。

毒家族が必ずメッセンジャーに選ぶのは、「どんな人間にも良心はある」と心から信じ、家族のような絆を大切にしているタイプの人です。このような善意を持って近づいてくるメッセンジャーは、次のようなことをします。

○家族と絶縁したことについてあなたに罪悪感を持たせようとしたり、絶縁の解消を迫ったりする。

○境界線の必要性を理解しようとしない。

○虐待の事実を軽んじたり、否定したりする。
○あなたが境界線を設けるのは、頑固、もしくは心が狭いからだと決めつける。
○あなたが家族と絶縁状態にあるのを知っているにもかかわらず、故意にあなたの家族の話題を持ち出す。

善意ある人たちは、良識のある人ならあなたが言うような虐待を理不尽に行うはずがないと信じています。それゆえ、あなたをまともに矯正してあげられると思い込んでいます。毒家族は彼らのヒーロー願望につけ込み、「自分は正しいことをしている」と思い込ませるのです。助けてくれたメッセンジャーを褒め称え、注目してあげることでいい気分にさせます。

このようなタイプの支配に対処するには、メッセンジャーに「これからも家族の話題を持ち出したり、私の経験を公平に聞き、受け入れ、認めてくれないのであれば、あなたとも縁を切るしかありません」と伝えることです。

この世には、自分の子や兄弟、他の家族の人生を何の理由もなしに破壊しようとする人たちがいます。そういう人たちが本当に存在するのです。ですがこの事実を理解できない人たちが多すぎて、本当の被害者たちが虐待を信じてもらえないことがよくあります。それどころか、毒家族の兵隊に成り下がったメッセンジャーにさらに虐げられるのです。

## ▼陰口

メッセンジャーに選ばれる人が皆、善意を持って行動しているとは限りません。時には、陰口や騒動を好み、混沌に巻き込まれたがり、あなたへの悪意に満ちていて、喜んであなたへの虐待に加担したがるような毒になる人が選ばれることもあります。そのような人は、単にあなたが嫌いなのかもしれませんし、あるいはあなたの家族と馴れ合いたいだけかもしれません。どちらにせよ、そんな人にあなた側の話を信じてもらおうと説得しても全くの無駄です。どれだけメッセンジャーの言い分に誤りや矛盾があると指摘し、真実を説明したところで、彼らはすでに毒に染まり切っており、あなたを破滅させようとしている家族の手先という役割を割り当てられてしまっているのです。あなたがするべきことは、一旦距離を置き、様子を見ることです。

以前メッセンジャーとして差し向けられた人が、後々あなたに謝罪し、あなたが正しかったと認め、虐待に加担してしまったことを反省するケースもあります。彼らはしばしば不用意に首を突っ込んで、あなたを傷つけたことに罪悪感を覚えます。もしトライアンギュレーションに組み込まれていた人たちが謝ってきたら、彼らを許すか否かはあなたにかかっています。仲直りできる場合もありますが、そうでない場合もあります。すべては、彼らのせいであなたがどれほどの精神的ダメージを負ったかによります。

### ▼大切な人たち

他にも、あなたの配偶者、元配偶者、子供、あるいは親友などの近しい人たちがメッセンジャーに任命されてしまうこともあります。そうなったときの彼らの裏切りは、悲惨としか言いようがありません。毒家族が目的を果たすためにあなたのそばにいる人たちを使うことほど、辛いことはないでしょう。あなたの家族は、それが他の何よりもあなたの境界線を侵害する行為だとわかっているだけでなく、意図的にあなたの大切な人たちをトライアンギュレーションに組み込もうとしているのです。

彼らがそんな手を使うのは、大切な人たちに裏切られる気持ちをあなたに味わわせるためです。あなたが築き上げた支持基盤を壊し、邪魔したいのです。そうすれば、あなたは独りになり、家族のもとへ戻るしかなくなるからです。

**幸せのヒント**

あなたを一番近くで支えてくれる人たちは、彼ら自身もあなたの家族との関わりを絶つことで、あなたの絶縁の決断を支持するべきです。

あなたの家族が企てるトライアンギュレーションは、どれだけ無垢で純真で優しく見えたとしても、あなたの境界線を侵害する行為であって間違っているということを、あなたを支えてくれる人たちには、はっきりとわかっていてもらう必要があります。毒家族の魔の手があなたの一番近くにいる人たちに届くようなら、しっかりとした境界線を設けることなど不可能です。

## 祝日やイベント事

祝日やイベント事なども、絶縁後の虐待に一役買うことがあります。毒家族との接触を絶った人たちは、家族からのソーシャルメディアやネット、メールを介した連絡は大抵うまく遮断できます。ですが、もし家族に住所を知られているのなら、彼らが手紙や物を郵送する形で境界線を破ってくることもあります。精神的虐待を行う人たちは、祝い事や誕生日、記念日、家族の集まりなどを利用してあなたの人生に入り込み、善人面するのが大好きなのです。

物が送られてきたら、どうするべきか。これまで何人もの人たちにこの質問をされてきました。ほとんどの場合、答えは「何もしない」です。送り返すべきかと聞いてくる人たちもたくさんいますが、あなたの家族があまりにも執拗に物を送ってくる場合を除き、答えはやはり「ノー」です。執拗に送ってくる場合は、プレゼントや手紙は一切受けつけないこと、もし今後も送ってくるようなら返送するかどこかに寄付するつもりだということを手紙で伝えましょう。贈り物を送り返したら、あなたが冷酷で家族を虐げるような人間だということの証拠として利用されてしまいます。

たとえ贈り物を受け取ることにしたとしても、お礼のメッセージを送る必要はありません。送ったところで、あなたが今よりいい人になれるわけではありませんし（自分がただのいい人であることを自分自身に証明したい一心なら別ですが）、家族があなたを虐げ、利用するのを止められるわけでもありません。あなたがどれほど平穏な関係を作ろうと努力しようと、あなたの家族が虐待と支配の手を緩めることはありません。ですから、家族との平穏な関係を求めるのは土台無理な話なのです。あなたに沈黙を勧めるのは、決してあなたの声を抑圧し、意志を犠牲にしているのではありません。沈黙こそがあなたの持つ素晴らしい力なのだと思ってほしいのです。

幸せのヒント

あなたが何もしない限り、
毒家族は何もできません。

## 家族ぐるみのイベント

家族と絶縁するということは、家族が参加するイベント事に参加しなくなることでもあります。ですが、もしどうしても参加しなければならないときは、対策法があるのでいくつか紹介します。

○当日は少し遅れて参加する。
○手伝い（準備、料理、片づけなど）で忙しく振る舞い、他のことに注意を向ける暇を作らない。
○少し早めに帰る。
○諍いや騒動が起こりそうな気配がしたら、荷物をまとめて静かに去る。
○噂話からは距離を置く。
○この種の集まりを好機と捉えてあなたに突っかかってくる、毒家族や彼らのメッセンジャーとは会話を避ける。
○あなたを守ってくれる人を連れていく。

もちろん、可能ならばこのようなイベントに参加しないのが一番です。あなたを招待してくれた人には、あなたが家族と不仲で、皆にとっても自分たちが鉢合わせしないほうがいいことと、代わりにぜひ別の機会に祝わせてほしいということを丁重に伝えましょう。

## ソーシャルメディア

ソーシャルメディアは、毒家族が絶縁後の虐待に最も簡単に利用できる最新の手法です。私のクライエントに、ソーシャルメディアを介した虐待に苦しんでいたジュリーという女性がいました。彼女の母親は、結婚式の話題を利用してソーシャルメディア上で娘と周囲の人々を分裂させようとしました。ジュリーはショックを受け、結婚式までの間毎週のように私のオフィスで涙を流していました。母親がソーシャルメディア上ですべての親戚に、娘の結婚式に参列したら関わりを絶つと脅したのです。悲しいことに、ほとんどの身内が騒動に巻き込まれたくなくて、参列を辞退しました。

身内も他人も、すべての人が見ることのできるソーシャルメディアという場にありとあらゆる嘘が投稿されるのを見るのは屈辱的でした。ジュリーは、母親がどれほど周囲の人間に対して影響力を持つか、そして彼女の人生で最も大事な瞬間に家族がこれほどまでに残酷なことをしたという事実に打ちのめされました。ソーシャルメディアという人目につく場で辱められた経験が、彼女を芯から揺さぶり、人を信用することができなくなってしまいました。

何人かの親戚はのちに、結婚式に参列しなかったことで虐待に加担したことを後悔して謝罪してきましたが、あまりにひどく傷つけられ、辱められ、捨てられたジュリーの心の傷を癒やし、一度崩れた人間関係を修復することはできませんでした。家族がソーシャルメディア上であなたを害そうとしてきたら、ブロックしたりフレンドから削除したりするなどして関わりを絶ちましょう。

## 絶縁後の虐待によって芽生える自己疑念と不安

家族と縁を切ったあとも、虐待は執拗にあなたを追い詰めるでしょう。そのせいで自己疑念や不安に呑み込まれることはよくありますし、絶縁は表沙汰になりにくいので、静かな流行病のように忍び寄っては何度も打撃を与えてきます。家族のことが話題に上るだけで胸が締めつけられますし、思い出したくないことまで思い出してしまいます。あなたの家族は、あなたを支配することを絶対にあきらめないと知らしめたいのです。彼らが負けを認めることはありません。どんな手段を使ってでも、境界線を侵害したり、大切なものを取り上げたりしてあなたの人生に干渉しようとするでしょう。絶縁後の虐待によって、彼らはあなたに自己疑念を抱かせようとします。ですが、自分を守るための対抗手段はあります。

○家族の在り様を変えることはできないという事実を受け入れましょう。その代わり、彼らに対するあなた自身の反応を変えることはできます。

○諍いに発展したら、あなたに恥をかかせようとする家族とメッセンジャーを置いて立ち去りましょう。危ないと感じたら、冷静さと聡明さを失わずにすぐさま去りましょう。

○あなたを傷つける人とは関わりを絶ちましょう。あなたを助けるよりも害をもたらすことのほうが多い存在は、あなたの人生から締め出しましょう。そうしなければ、誰が何を知っているのか、どんな誤解を解かなければならないのか、そして誰を本当の意味で信頼していいのか、わからなくなってしまいます。

○あなたが心から大切にしている価値観と関係のない問題について、家族と言い争うのはやめましょう。あなたが生きる上で特定の人や人間関係、物を必要としていると思われたら、彼らはそれらの大事な人間関係や物を壊すと脅して、あなたを取り戻そうとします。

家族の機嫌を取るのはあなたの仕事ではありませんし、一度だってあなたにそんな責任はなかったのです。そのような責任を負わされるのは、どんな人にとっても重荷でしかありません。誰かの機嫌を取るように圧力をかけられて育つと、大人になってからも人の機嫌をうかがってばかりの人間になってしまいます。あなたが自分の基本的な欲求を満たすために、ありのままの自分で生きられなかったことについては、とても残念に思います。誰かの幸せのために重荷を背負って生きるより、自分の幸せのために生きることのほうが何倍も大切だということを心に刻んでください。

健全な思考と境界線が準備できたら、今度こそあなたにとって大切な人や物、そしてあなたが毒家族の魔の手から守るべき人や物をしっかりと見極められるようになるでしょう。次の章では、そのための方法を紹介していきます。

# 第16章 毒家族以外の大切な家族との絆を守る

多くの虐待サバイバーと同様、あなたにも何人もの家族や親戚、あるいは家族ぐるみの友人たちがいて、その中には毒にはならない人が大勢いるかもしれません。あなたがこうした健全な人たちとの関係を大事にしていて、これからも守り維持していきたいと思うのは理解できます。ですが残念ながら、そうした関係をうまく保ち続けるのは、厄介で難しい場合もあります。あなたの家族と繋がっている人間関係は、あなたのトラウマとも繋がっているからです。健全な家族が、あなたと毒家族の絶縁を知っており、その決断の理由もそれとなく察しているにもかかわらず、彼ら自身の都合で毒家族との繋がりを維持している場合、何となく彼らに裏切られたような気になることがあります。その気持ちのせいで、健全な家族への愛情と、毒家族への苦しい気持ちを完全に切り離すことが難しいのです。

こうした毒家族以外との人間関係を築き、維持するのに必要なのは、精神的な安心感です。健全な家族と一緒にいて安心感を得るためには、相手を信頼できなければなりません。ですが、人を信頼するのはそう簡単ではありません。健全な家族が毒家族の手口について話題にする場合は、特に相手を信頼するのが難しくなります。健全な家族は、毒家族との間にいざこざが起こったときに、あなたならきっと自分の苛立ちを理解してくれるだろうと思い、毒家族への不満を口にするでしょう。それを聞いて、あなたは彼らが味方だと思うかもしれませんが、そのうち、彼らが毒家族とまだ日常的にやり取りしていることが発覚します。

そんなときに、裏切られたと思うのは仕方のないことです。健全な家族との関係を維持するのは後ろめたくもあり、またネガティブな感情を引き起こす原因にもなり得ます。それは彼らがあなたと毒家族の間で板挟みになっているからで、それは誰のせいでもありません。彼らのせいでも、ましてあなたのせいでもないのです。彼らが板挟みになっているのはあなたが望んだことではありませんし、かといって毒家族が彼らを微妙な立ち位置に追いやるのではないかという考えに取りつかれ、恐怖するのもあなたのためになりません。毒家族がどんな人たちかは、あなたもよく知っているはずです。彼らはあなたを除け者という生贄にするためならどんな人でも利用します。

## 生贄

もしあなたがこれまで家族から生贄にされていなかったのなら（もっとも、すでに生贄にされている可能性のほうが高いですが）、家族と縁を切ると決めた瞬間から、あなたはその役目を押しつけられるでしょう。生贄になるということは、家族の中の悪者として、あなたの人間性をまるきり無視した偏った人間像を吹聴されることです。家族はあなたが精神を病んでいる、もしくは情緒不安定、嘘つきだと言って回るでしょう。

あなたはこれまで「病んでいる」と言われたことがあるかもしれません。正直に言って、公私ともにあなたを傷つけるような意図で言われたのでなければ、冗談で済んだ話かもしれません。ですが、これは毒家族が誰かを生贄にするためによく使う嘘でもあります。当然、「病んでいる」と言われればひどく傷つきます。あなたの家族が広める嘘は、あなたの評判を落とすためのプロパガンダでしかありませんが、健全な家族を含め多くの人は、あなたの家族の不興を買いたくないがために、その嘘を疑ったり、詳しく調べたり、あなたのために歯向かったりなどしてくれません。あなた自身は、家族の広めている悪口が嘘八百だと知っていますが、それでも彼らに反撃することは難しいでしょう。なぜなら、あなたがどんな反応をしたところで、周囲からはそれが、精神を病んでいる証拠だと見なされてしまうからです。

これまでの人生、あなたはずっと家族の生贄として生きてきたかもしれません。子供の頃からすべての責任を押しつけられ、悪者にされ、要注意人物だと言いふらされてきたかもしれません。家族は責任を逃れるために、自分の失敗をあなたになすりつけ放題だったことでしょう。毒があろうと健全だろうと、あなたが生贄にされていることを知っていて疑問に思わなかった、もしくは見て見ぬふりをした人は、もれなく全員、あなたへの虐待に少なからず加担しているのです。

悲しいことに、あなた自身も家族の嘘を信じ込んでしまっていたかもしれません。ですが、あなたが家族と距離を置けば置くほど、自身の悪い評判からも遠ざかることに気がついたでしょう。家族と距離を取ったことで、あなたが本当はどんな人間なのか、生まれてこの方家族に押しつけられてきたのとは違う、別の現実が見えるようになったと思います。

新しい現実を目の当たりにするのは、なかなか衝撃的なことです。あなたが心の奥にずっとしまい込んでいた真実こそが、本当の真実だと証明されたのですから。家族があなた自身を含め多くの人たちに信じ込ませていた、あなたが精神を病んだひどい人間だというのは嘘だったのです。子供の頃、あなたは辛い思いをしたでしょう。それはあなたが自分のために戦い、自分が信じることのために立ち上がろうとした証拠です。あなたは精神的に虐待され、支配されていたでしょう。そしておそらく、家族から受けた虐待や支配に対して反抗したこともあるでしょう。家族はそれを、あなたが精神的に病んでいて情緒不安定なせいだという悪辣な嘘で塗りつぶしたでしょう。

真実を見つけ、新しい現実に出会うことで、あなたを抑圧する家族やそのプロパガンダにのる人たちとの関係に終わりが近づきます。縁を切るというのは、あなたが目を覚ましたことを意味します。ひとたび真実を知ったら、もう知らないふりはできません。真実は必ず露わになるものです。見て見ぬふりをしたり、忘れたりすることはできません。表に出てこようとする真実をいつまでも抑えつけておくことは不可能です。

真実を口にすることは、これまで嘘や偽り、支配、罪悪感、拒絶、責任転嫁の上に成り立っていた家庭を揺るがすほどの力を持っています。精神的虐待を行う家族にとって、真実は自分たちの牙城を崩す大敵ですが、あなたにとっては安定をもたらす大きな力です。毒家族以外の健全な家族との関係を守り、維持するためには、あなたの真実をはっきりと相手に伝えましょう。そのためには、自分の許容範囲を明確に決めて、話し合うといいでしょう。

## 明確な境界線を設けて混乱を回避する

健全な家族は、あなたの状況を完璧に理解してくれるかもしれませんし、あるいはあなたと家族の繋がりを修復しようとするかもしれません。その混乱の中で、せっかく設けた境界線が壊れてしまうことがあります。健全な家族と健全な関係を保つには、毒家族についての話題を持ち出さないことを約束させる必要があります。この境界線は決して侵されたくない、絶対の条件だということをはっきり伝えましょう。

この境界線を設けることで、あなただけでなく、他の人たちも、不健全なトライアンギュレーションに組み込まれないように守ることができます。健全な家族が毒家族とやり取りを続けているのなら、境界線はなおのこと必要です。彼らが毒家族の悪口をあなたに話したがるかもしれないからです。そのような悪口を聞くのは、あなたのエゴは満たしてくれるかもしれませんが、あなたの心にとって健全なこととはいえません。そして毒家族についていい話を聞けば、それはそれであなたの心は掻き乱されるでしょう。家族に不幸になってほしいからではなく、あなたが家族に虐待され、そのせいで縁を切らざるを得なかったことを思い出してしまうからです。

境界線を設けることで、あなたは自分の気持ちや行動理由、心の痛みを誰かに説明せずに済みます。健全な家族に対してそのような境界線を設けると、残念ながら最初のうちは、明らかに存在する大きな問題を見て見ぬふりしているような気持ちになるかもしれません。その上、安心して家族の話ができないせいで、彼らとの関係が上面《うわつら》だけの不透明な関係に思えるかもしれません。ですが大丈夫です。今はまだ順応している段階だからそう感じるのです。境界線を引くことで、あなたと彼らの関係における「普通」が新しく決まりつつあります。最初は心地悪さを感じるかもしれませんが、それは自然なことです。あなたたちの間に愛情があるなら、一時的な心地悪さを耐えるだけの価値はあります。この心地よくない時期を乗り越えるには、家族に対する好奇心や恐怖、不安による衝動的な行動を抑えることに集中しましょう。

## 感情を制御する

境界線を維持するには、あなた自身が忍耐とセルフコントロールをもって自分の感情を制御する必要があります。最初は、あなたや毒家族について健全な家族がどこまで知っているのか、知りたい気持ちを抑えるのは難しいでしょう。毒家族があなたの悪口を健全な家族に吹き込み、闇の陣営に引き込もうとしているのではないか（あるいは過去にしたことがあるのではないか）と不安になるのは至って普通のことです。そしておそらく、あなたの不安は当たっているでしょう。心理的な諍いにおいては、虐待者のほうが数で勝っているため、いつも周囲にいる無実の人たちは虐待者の陣営に取り込まれ、虐待に加担してしまうのです。

ここまでで話してきたように、あなたの家族はあたり前のように、周囲の中立的な人たちにどちらの側につくか決めるよう強要します。一方、あなたが境界線を設けることで、健全な家族にあなたの味方につくよう圧力がかかることはありません（そうしたいと思うことはあるかもしれませんが）。それよりもあなたが一番にするべきは、自分についてどんな話が吹聴されているかが気にならないよう、好奇心を制御することです。そして、今もまだあなたが繫がっている相手との関係を維持することのみに神経を集中させましょう。恐怖の感情があるとき、これを実行するのはなかなかに難しいことです。陰で自分が何と言われているか気になるのは当然のことですし、あることないこと言われていたら正したくなるのが人間の性《さが》です。

健全な家族との関係を続けたいのなら、彼ら自身に毒家族とのつき合いを見極めさせるといいでしょう。ですが、もし彼らが毒家族に吹き込まれたあなたについての嘘を話題に出してきたら、それは紛れもなく境界線の侵害なので、どんな話だろうと毒家族の話題を持ち出すことは許せないこと、それは譲れない一線であることを改めて伝えましょう。

幸せのヒント

相手を破滅させ、貶め、咎め、辱める誹謗中傷を一身に受けると、萎縮して身動きが取れなくなってしまうことが、ほとんどの人には想像すらできないのです。

相手には、「教えてくれてありがとう。あなたは善意で教えてくれたのだと思う。ただ、いい話、悪い話に関係なく、家族の話をされると辛い感情を思い出して胸が痛むから、何も聞きたくない」と伝えるといいでしょう。このように境界線を改めて引き直すのは、当然怖いことです。相手と衝突してしまったらどうしよう、せっかく健全だった家族が手のひらを返したようにあなたを理不尽だと責めて生贄にしようとしてきたらどうしよう、と。こうした恐怖が渦巻くのは、毒家族があなたの境界線を一度として尊重したことがないからであり、そのせいであなたは「捨てられる」気持ちを味わいました。いずれにせよ、健全な家族と安心して長期的な関係を築くためには、境界線をはっきりさせ、それを尊重してもらう必要があります。

## 心の健康と安寧を守る

自分の許容範囲を定めるのは、あなたにとっていいものを内に入れ、悪いものを締め出すために必要なことです。この許容ラインは、そのままあなたが考える自分の価値を表します。あなたが何を許容し何を許容しないかを示し、あなた自身の心の健康を守るのです。

以前テイラーという患者がいましたが、彼の話がそのいい例です。

テイラーには薬物中毒かつアルコール中毒の激情型で無責任な母親がおり、絶縁を余儀なくされました。母親はたびたび自殺を仄めかしてテイラーを脅したり、お金をせびったり、助けてほしいとすがったりしてテイラーを追い詰めていました。また彼女の依存症にテイラーも影響を受けてしまい、こんな状況では自分自身、依存症から抜け出し健全な生活を送るのは不可能だと感じて、セラピーを受けにきたのです。私は彼と境界線について話し、彼は母親に対していくつも境界線を設けました。ですが1つたりとも母親が尊重することはなく、結局テイラーは母親と縁を切るほかありませんでした。

ひとたび縁を切ると、心からほっとし、仕事や恋愛関係に影響を及ぼしていた自身の依存症を制御できるようになりました。彼の生活は大幅に改善されました。一時は健全な母方の祖母と、互いに尊重し合うまともな関係を築くこともできました。祖母は、2人の間で母親の話は持ち出さないと約束してくれました。ですが時が経つにつれ、祖母はテイラーの境界線に対する意識が緩み、母親が依存症から抜け出し始めていることを伝えるなど、知りたくもないことを話すようになりました。

母親は、祖母を操ってテイラーにメッセージカードを届けました。そのカードには母親の香水が振りまかれ、嘘くさい薄っぺらな言葉が羅列していました。テイラーは母親の魂胆を見抜き、すぐさま祖母に、このカードを渡してくること自体が母親がまだ毒親であることの証明だと言って境界線を引き直しました。

祖母はこの境界線に不満でした。なぜなら境界線がある限り、自分の娘がだんだん良くなってきているという希望を否定されるような気がしたからです。テイラーに拒絶されたら、母親はまた以前の母親に戻ってしまうだろうと、祖母は仄めかしました。それを聞いたテイラーは、怒りと罪悪感に苛まれ、気持ちがどんどん暗くなっていきました。

セラピーの場では、彼の罪悪感を紐解いていきました。彼は許容範囲を維持することに専念し、しばらくは問題も起こりませんでした。ですがその後、祖母がまた境界線を踏み越え、母親が作ったビデオレターを送ってきました。画面の向こうの母親は、依存症から抜け出したと言いながらも呂律《ろれつ》が回っていませんでした。彼女は、チャンスがほしい、それさえ叶えば他の子供たちもテイラーに倣《なら》って戻ってきてくれる、そうしたらまた幸せな人生を送れると言いました。ビデオメッセージは終始独りよがりで、自分の望みと、テイラーがいないとそれが叶わないということを言っているだけでした。このビデオレターを見て、テイラーはまたしても負の感情に呑み込まれそうになりました。祖母が依存症の娘の回復に希望を持っていることは理解していましたが、それでも祖母への怒りを止められませんでした。彼は祖母に今一度、はっきりと境界線を示しました。母親に関する話題は一切持ち出してほしくないこと、もしそれを守れないようなら、祖母との繋がりも切ると告げたのです。

彼は祖母から大きく距離を取りました。健全な境界線を設けたことで無神経だと鋭い言葉を浴びせられるのに、疲れてしまったのです。

幸せのヒント

怒るのは当然です。

あなたは血も涙もない家族から容赦ない虐待を受けたのですから。

その上助けを求めたら、今度は事実を訴えたことを咎められて恥をかかされ、周囲の人間はあなたではなく虐待者の味方についたのです。


健全な家族との関わりを維持するとき、何よりもまずあなた自身の心の健康を優先する権利があなたにはあるのだということを忘れないでください。

テイラーのように、健全な家族と衝突して境界線を引き直さなくてはいけないのは、とても辛いことです。あなたからしたら、あなたの深い悲しみを理解してもらえなかったり、簡単に忘れられたりするのは受け入れがたいことでしょう。時間が経ったからといって家族につけられた傷が癒えるわけではないということを理解してくれる人はなかなかいません。あなたの傷を癒やすには、境界線を設けるしかありません。境界線こそが、あなたを暗い淵から救い出してくれます。自分のスペースを持ち、時間をかければ確かに日常的な心の痛みは引いていくかもしれませんが、それは治ったことにはなりません。その傷を完治させる治療法などないのです。それでも、境界線を設け、健全な家族がそれを尊重してくれる限りは、彼らと愛情に満ちた関係を続けることは必ずできます。

## 予想外の状況に備える

たとえ健全な家族から直接聞かずとも、毒家族についての知りたくもない話が耳に入ってくることはあるので、予想外の事態に備えて心の準備をしておく必要があります。健全な家族と一緒にいると、大抵は彼らの子供やいとこ、義兄弟などの他の親戚や、時には彼らの友人とも会うことになります。もし健全な家族や家族ぐるみの友人が、普段からあなたの毒家族とも関わりを持っているとしたら、何気ない会話の中で毒家族の話が出てくることもあるでしょう。子供や周りの人が、あなたの毒家族と会ったときの話をするかもしれません。そのような事態になったら、あなたの中で色々な負の感情が渦巻いて心の傷が痛むでしょう。そんなあなたにまず意識してほしいのは、健全な家族が自らあなたの境界線を乗り越えてきたわけではないということです。そして、彼らとて、そういった集まりにおいて必ずしも会話をコントロールできるわけではありません。他の人たちの口からたまたま毒家族の話が出てくることも十分にあり得ます。あなたの境界線を知る健全な家族に対して、すべての会話に細心の注意を払うよう強いることはできません。

そのような状況で一番重要なのは、くどいようですが、感情をコントロールすることです。状況に柔軟に適応し、寛容な心でやり過ごせるように自分の精神状態を管理しましょう。こうした心地悪い状況を経験していくうちに、あなたはだんだんと打たれ強くなっていくはずです。むしろその状況を利用して、毒家族の話題にすぐさま口を開きたくなる衝動を抑えて聞き上手になる練習をしたりして、たとえ彼らがあなたの毒家族と関わりを持ち続ける選択をしたとしても受け入れられるように訓練しましょう。毒家族に育てられでもしない限り、ほとんどの人は彼らの醜悪さを理解できません。周りの人をあなたの毒家族から守るのは、あなたの責務ではありません。あなたがすべきことはあなた自身を守ることであって、他の人は自分自身で学べばいいのです。

毒家族以外の家族と接するとき、どの程度の関わりがあなたにとって一番健全か考えてみましょう。

### ○密接な関わりを持つ。

あなたが毒家族の話題について設けた境界線を健全な家族が尊重してくれるのならば、

彼らと深く関わり続けることも可能でしょう。そうした相手との関係には安心感が生まれ、いくらでも好きなだけ一緒にいられますし、自衛のためのガードを常に固めておく必要もありません。

**○稀に関わりを持つ。**

健全な家族の中にも、心から安心できない相手がいる場合があります。そうした相手には、毒家族の話題について何度も境界線を引き直す必要があるかもしれません。彼らと時折接触し、会って一緒に過ごすことはできます。ですが彼らとの関係は表面的なものに留めておいたほうが、境界線を破られるリスクを減らせるでしょう。

**○最低限の関わりを持つ。**

あなたの境界線を理解できない、もしくは尊重しない人たちとの関わりは最低限に留めましょう。こうした人たちは騒動に首を突っ込むのが大好きで、あなたと毒家族の陰口を双方の耳に吹き込みます。可能な限り関わらないほうがいいでしょう。うっかり鉢合わせしてしまったら、丁寧な態度で応対しつつも、あなた自身を守るために会話は短く切り上げましょう。

## ○一切関わらない。

虐待者と同じ毒家族とは接触しないようにしましょう。彼らはあなたを虐待者のもとへ引きずり戻すために、危害を加えてきた人たちです。この先関わり続けても、あなたが相手に尊重されることはありませんし、危険です。あなたを害そうとしてくる彼らを人生に迎え入れてはいけません。

人間関係において唯一あなたが心から気にかけなくてはいけないのは、あなた自身の心の健康です。他の人のためにも、あなたはあなた自身の面倒を一番に見るべきで、他の人たちもまた、あなたのためにも彼ら自身の面倒を見るべきなのです。あなたの人生においては、あなた自身の精神の安寧を最優先に考えましょう。そして、あなたは負の連鎖を断ち切ることのできる人間だということをいつも心に留めておいてください。毒家族があなたを虐げたように、あなたにもまた、彼らのように残虐で支配的な人間になる余地があるということを、賢いあなたはすでに気づいているはずです。ですがあなたは彼らと違って共感能力に優れているので、見知った悪意を切り伏せて、負の連鎖を断ち切ることができます。そしてそれは、境界線を設けることで成し遂げられるのです。

家族と縁を切り、境界線を設けたら、次のステップはもう、自分自身を心から頼れるようになることです。

# おわりに　自由とは自分を信じること

　ここからは、他の誰でもない本当の自分として生きていくときです。もう誰かに操られることも、混乱の渦に叩き落とされることも、罪悪感を植えつけられることも許してはいけません。あなたは自立することで自由を手に入れるのです。あなたが自由である限り、あなたを無理やり本当の自分から引き離そうとする毒家族の手から逃れ、自らの人生と人格を描き出すことができます。あなたを支配し虐げた毒家族とは別の、あなた自身の考えや信念、気持ちを持てるようになれば、すぐにでも自分がどういう人間か自覚を持てるでしょう。そして自分がどういう人間かがわかると、自分で自分の価値を決められるようになり、人として成長できます。もうあなたの価値が他の誰かや社会に決めつけられることはありません。これからは自立した人生を謳歌しましょう。

　次に挙げるのは、あなたが自分で手に入れられるものです。これらを手に入れるのを誰かに頼ったり、あるいは妨げられたりしてはいけません。

○常識に沿った考え方
○日々生きていくためのスキル
○自尊心の維持
○自分で決断する力
○自分の意見を持つ権利
○自分の健康を労る責任感

自立するとは、いい人生を歩むために自分の力を引き出せるようになることです。家族を失った虚無感とともに生きていくのは、空気の薄い高山で呼吸をするようなものです。体はそのうち慣れていきますが、生き抜くためにかなりきつい思いをすることになります。自分を頼れるようになればなるほど、家族がいないことの虚無感に適応できます。

これから、自立の恩恵を最大限享受するための、マインドフルネスのテクニックを見ていきます。自立するためには、次のことができるように練習しましょう。

○**心理的に自給自足する。**

あなたが何を考え、何を感じるかについて、自分ですべての責任を持ちましょう。絶縁することで、あなたは傷ついて弱ったときに毒家族のもとへ逃げ帰る選択肢を捨て、自身の健全な精神と心の安寧のために尽くしました。あなた自身と、あなたを支えてくれる健全な人たちに頼ることを選んだのです。

**○人生において重要な決断は自分で下す。**

あなたの未来を決める権利があるのはあなただけです。それを知ってわくわくするかもしれませんし、あるいは怖いと思うかもしれませんが、あなたにその力がある事実は変わりません。絶縁することで、あなたの人生におけるすべての決断はあなた自身で下せるようになります。決断を下すとは、あなたが嫌だと思うことにはノーを、いいと思うことにはイエスをはっきり言うということです。

**○生きていくためのスキルを新たに身につける。**

自立を意識すると、成熟し、平穏で安心感のある人生を歩むためのスキルと賢さが身につき始めます。壁にぶつかり助けが必要なときも、助けを求めることを恥だと感じる必要はありません。自立するというのは、素直に助けを求められるようになることでもあるのです。

幸せのヒント

毒家族への一番の報復は、
あなたが平穏な心で、輝きに満ちた幸せな人生を送ることです。

○感情をコントロールできるようになる。

自身の気持ちや思考、感情に寄り添うことができれば、それだけそれらに呑み込まれて支配されることは減っていきます。自立するには、反応する前に一呼吸置いて踏みとどまれるようになりましょう。自らの反応を制御できるようになれば、人間関係もうまくいくはずです。

○自分の平穏を守る。

自分の精神の安寧を気にかける時間を作ると、何となく釈然としない、違和感を覚えるものに注意を向け、それをあなたの人生から排除するべきか考えられるようになります。境界線はあなたの平穏を守る存在です。

**○自分に確認する。**

自分の感情を量る一番簡単な方法は、自分自身に「調子はどう？　今幸せ？」と問いかけることです。自分自身を気にかける質問をすることで、あなたの心の中がどういう状態か知ることができます。そして自分の調子を把握できれば、精神状態をよくするための行動をとるか、あるいは大丈夫だとわかって肩の力を抜くことができます。

**○自分を他人と比べない。**

ポジティブな気持ちは自分の内側から生まれるものです。認められたい、支持されたいという気持ちは自分自身に向けましょう。自分が他の人とは違う、特別だと思う点を書き出して、リストを作るのを強くお勧めします。落ち込んだときはそのリストを見て自分を自慢に思い、思考を現実に引き戻しましょう。現実では、あなたは素晴らしい人なのですから。

**○自分の直感を信じる。**

あなたにはきっと、人間関係の雲行きを直感的に読む力が備わっているでしょう。それは素晴らしい財産で、自分自身を頼るための力になってくれます。誰かに毒があると感じたら、ほぼ間違いないでしょう。自分自身を信じられるようになりましょう。

## 昨日より今日、今日より明日

自分の心、思考、体を愛し、大切にすればするほど、自信がつき、愛情やその他様々な感情で満ちあふれた人生になっていきます。鏡の中に映る自分を愛してあげることができれば、毒家族に愛されたか否かは関係なく、あなたにふさわしい生き方をしようと思えるようになります。自立するということは、あなた自身を頼りになる人間として信頼することです。

幸せのヒント

自分を信じましょう。
この先の人生で、
あなた自身が一緒に歩みたいと思えるような人間を目指してください。

立ち直るには、このような姿勢でいるのが重要です。人生は想定外のことばかり起こります。深く刻まれた傷が完治することはありませんし、ちょっとしたことで傷口が開きます。ですが自分を信じることができれば、悪いことばかりではありません。立ち直ることに積極的であればあるほど、想定外のこともうまく乗り越えられます。

## 傷と向き合う機会は突然やってくる

絶縁したあとは、その先の人生で、想像もしていなかったような心奪われる体験をすることがあります。その体験で、普段は奥にしまい込んでいる心の痛みが表に押し出されることがあり、しかも、まるで昨日できたばかりの傷であるかのように新鮮な痛みを伴います。このような体験をすると、さらに自分を頼れるようになります。私の場合は、ロサンゼルスのグラミー・ミュージアムでX・アンバサダーズというバンドのコンサートを観たときに、そのような体験をしました。そこで「Unsteady」という曲のストリップドダウン（小編成）版を聴いたのですが、皆さんもぜひ一度聴いてみてください。ボーカルの人が曲紹介のときに、その曲のテーマは「献身」だと言いました。なぜならバンドのメンバーは皆、家族のように互いに献身的だからだそうです。それを聞いて私は、毒家族には愛にあふれた献身の心が欠けていることに気づきました。歌は、毒家族に健全な家族になってほしい、目の前に現れて抱き締め、安心させてほしいと希《こいねが》う子供の声に聞こえました。

歌詞の「unsteady（不安定）」という言葉を聞いたとき、私は雷に打たれたかのような衝撃を受け、傷口が露わになりました。どれだけ私の世界が安定しているように見えようとも、あるいはどれだけ安定した世界を私が作ろうとも、私が不安定になる瞬間は確かにあるのです。全く緊張せずに終える日はまだ一日たりともありません。いつか足元の地面が抜け落ちるのではないかと常に戦々恐々としているのです。これはれっきとした複雑性PTSDです。事実、私を支える土台は、すでに抜け落ちたことがあるのですから。ほとんどの人にとって、足元も天井も、彼らの上下左右を囲み、そばでずっと人生を支え守ってくれるものは、家族なのです。そばで愛してくれる人へ懇願するような最後の歌詞を聞いて、また1つ、私は現実を突きつけられました。それは私の現実であり、あなたの現実でもあります。私たちは一度も、家族に愛され、愛情という名の安心感に包まれたことがないのです。

この曲を聴いている間、私の無防備な部分が露わになるような感覚とともに体の中から湧き起こってくる温もりに、落ち着かない気持ちになりました。人前だったので、あふれ出しそうになる感情を抑えようと体を強張らせましたが、涙は勝手にあふれてきました。正直な話、私は自分のために泣くのが得意ではありません。おそらく、私自身のために泣く価値を感じるほど、愛されたことがないからだと思います。このとき、隣の席のとても優しい女性が私の気持ちを察して、曲が終わるまでの間ずっと、赤の他人の私の肩に手を添えてくれました。私は彼女の手に触れることで、彼女の共感と優しさに感謝を示しました。その瞬間、私たちは赤の他人から、同じ空間の中で心が繋がった者同士になったのです。彼女がその場にいてくれたことをとても嬉しく思います。

小休止

歌やその他の活動、映画、芸術など、あなたの傷に重なるものがないか考えてみましょう。あるとしたら、どんなものでしょうか。また、それはどのようにあなたを励ましてくれますか。

このコンサートで私は、家族の喪失が私の過去であり、現在であり、そして未来でもあるということをはっきりと理解しました。過去に、私は誰にも望まれない痛みを知りました。現在は、絶縁後の虐待と捨てられたことの苦しみが続いています。そして未来には、絆や愛に恵まれ問題が解決しているという確証などないのです。

## 立ち直るには忍耐が必要

傷を癒やすことと癒やされることには、大きな違いがあります。あなたが健全な形で自分自身を頼れるようになっていく上で、立ち直るためのプロセスはこの先一生続くのだということを忘れないでください。家族と絶縁したからといって、傷が完全に消え去る日は来ません。ですが気を落とさないでください。これはむしろ、より深みのある人間になれるチャンスです。立ち直るのは時に辛いことですが、私にとっては同時に、私を鼓舞し、励ましてくれる、人生の醍醐味でもあります。私の人生と目標はいつも、立ち直るためのプロセスを中心に回っています。私がどんな人間で、——どのような道筋をたどって今の私になり、他の人にも私と同じ道を勧めるようになったのかも、立ち直るためのプロセスと切り離しては語れません。傷を癒やし立ち直ることは常に能動的な行動なのです。

小休止

これからはあなた自身を取り戻すために、立ち直りの旅を続けられるか考えてみましょう。

## 被害者意識にしがみつかない

精神的に自立するためには、自分は苦しめられている被害者だという考え方は避けましょう。もちろん、事実としてあなたは許しがたい仕打ちを受けた被害者です。現在も被害者であることには変わりありませんが、その被害を受けたのは過去のことです。あなたは永遠に被害者である一方、永遠に被害を受け続けるわけではありません。芋虫のときに被害者になっても、いずれは蝶になります。もしかすると昨日被害を受けたばかりかもしれませんが、それでも蝶のあなたからすると、それは過去の出来事です。あなたは苦しみから得た情報を漏らさず利用して羽化し、その知識をこの先の人生に役立てようとしています。

あなたが虐待者に害された事実はどうあがいてもなかったことにはできませんが、代わりにそれをポジティブな目標に変えることを目指しましょう。いつまでもサナギの中に引きこもっていては、あなたの人生は輝けません。厭世的な姿勢でいても、あなたの痛みはやわらぎません。これだけははっきりと言えます。自分の状況を嘆いても恐れても、状況は変わりません。好きになろうとしても状況が好転するわけではありませんし、腹を立てたところで罪が裁かれるわけでもなく、避けたところであなたのトラウマは消えません。ですから、絶縁後に毒家族があなたを攻撃し、痛めつけてきたとしても、決して足を止めないでください。彼らが仕掛けてきた攻撃にどんな衝撃を受けたか分析し、理解し、そこから学びを得てください。その経験を活かして、さらに自立するための糧にしてください。

## 本当に立ち直れているのか

本当に自分は前よりも立ち直れているのだろうか、と疑問に思うかもしれません。これから先ずっと、事あるごとに家族のことを思い出しては感情が昂るのだろうか、と。質問の答えはどちらも「はい」です。あなたは間違いなく前よりも立ち直っていますし、これからもちょっとしたことで痛みを思い出すでしょう。ですから、立ち直るための旅が終わる日など来ないということを今から知っておいてください。それだけ、家族を失うというのは途方もなく大きな出来事なのです。その現実を受け入れるのを後ろめたく思う必要は全くありません。心に傷を負っているからといって、前に進めなくなるわけではありませんし、やるべきことをやっていないわけでもありません。ただ単に、問題を抱えたまま生きていくというだけのことです。過去の経験を綺麗さっぱり消し去って、まるでそんな事実などなかったかのように生きていけたら夢のようでしょう。ですが、人間はそう都合よくできていないのです。

**幸せのヒント**

痛みを感じなくなったときがゴールではありません。積極的に傷を癒やし続けることこそがゴールなのです。

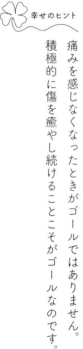

あなたが立ち直るためには理解することが必要で、理解するには自分の感情を見つめ、分析する必要があります。立ち直るプロセスはいつもそうです。あなたが立ち直り、知識を蓄え、理解し、自分の内側を見つめ直せば、そうした分だけ必ず、時とともに心の痛みと失望を制御するのが上手くなっていきます。知恵をつければつけるほど、あなた自身とも他の人たちともより深く繋がれます。そして悪辣な家庭環境から逃れ自由になる過程で、自分が本当はどんな人間なのか、より現実的な希望が見えてくるでしょう。

ほとんどの人は、自分が立っている足元の土台に家族の存在があり、困ったときは家族に助けを求めることができます。しかし、あなたはそうはいきません。家族と疎遠になっている人たちは、他の人とは少し違う生き方をする必要があります。ですが、だからといって私たちが健全になれないわけではありません。健全な家庭で育った人たちよりもよほど、健全な人間になれることもあります。なぜなら、あなたは自ら努力して自立への道を切り開いたからです。

幸せのヒント

傷は癒やされたとき、知恵に変わります。

立ち直ることで、あなたの足元にもしっかりとした土台ができ、そのおかげで心の根元にある不安を制御できるようになります。あなたの土台は家族ではなく、立ち直ろうとするあなた自身の努力によって作られたものです。その努力は、あなたを虐げた環境よりもよほど安定した土台になります。自分自身の成長のために投資することで、異常な家庭環境になじもうとするのではなく、少しずつでも成長していこうと思えるような精神状態にシフトしていくでしょう。立ち直るプロセスは、うまくいったりいかなかったりで、常に一定の成果が出るわけではありません。ですがこれだけは保証します。あなたが立ち直れば立ち直るほど、あなたの中の自己疑念や毒になる恥に苛まれることは減っていき、それとともに自分自身を信じて頼れるようになっていきます。

## 復讐心を手放す

苛立ちや痛み、家族に対する嫌悪感に支配されることが減っていくと、自分が以前よりもずっと生き生きとしているように感じられるでしょう。幸いにも、あなたはすでに家族に報復しても無駄だと気づいていることでしょう。彼らは諍いの中に生きていて、必ず勝つ未来しか見えていないのですから。ですが、復讐したいという気持ちを持っている自分を後ろめたく思う必要はありません。あなたを深く傷つけた家族に復讐する自分を想像するのは、当然の反応ですし、至って健全です。むしろ、どんどん想像しましょう。

私が傷ついたのと同じくらい、家族も傷つく想像をしましたが、家族への報復を想像するのは気分が良かったです。それによって私の中でバランスがとれたような気がしました。ですが同時に、私自身の想像に間違いがあることにも気づきました。想像の中の家族には、私の痛みを感じ、理解し、自分たちの行いを悔いる心がありました。しかし現実には残念ながら、そんなことはなかなか起こりません。いずれにせよ、こうして想像を膨らませるのは、立ち直るのに役立つことがあります。想像することで、あなたの中である種の決着がつくこともあり、また本当の意味で前に進みたいのなら家族への報復は何のメリットもないことに気づけるからです。報復というのは、前を見る行為ではなく、後ろを振り返る行為です。もしあなたが立ち直るために、過ぎ去った過去を振り返ってばかりいるのなら、あなたは自分の外にあるものに頼って癒やされようとしているだけです。そうではなく、あなた自身を信じて頼れるようになったなら、立ち直りへの道があなたの後ろではなく前に続いていることも信じられるようになるでしょう。

これからの人生は、あなたが望み、当然手に入れるべき幸せを見つけたり作ったりすることを中心に生きていきましょう。報復を望むということは、あなたがまだ、自分の気分が晴れるような何かしらの反応を家族に期待している証拠です。自分自身の幸せに集中して前へ進んでいるときは、自分自身をどれほど信頼できているか、これからどこへ向かいたいかに意識が向かうはずです。

## 救済と報復

大切なものを取り戻して救われたとき、虐げられた犠牲者は伸《の》し上がります。生贄として虐待の餌食になった人が、毒家族の戦略的な妨害に何度も道を阻まれながらも、素晴らしいことを成し遂げるのです。あなたが勝ち取った最高の救いは、家族と絶縁したことです。それによってあなたは家族から、あなたの人生を支配し、コントロールし、害する力を取り上げたのです。

この救済は、あくまであなたの内面で起こることであり、外側（家族）との間に起こることではありません。あなた自身が成長できたことを喜べたとき、あなたは救いを感じるでしょう。このとき、それまで恐怖によって混乱させられていたせいで、はっきりと見通せなかった毒家族のやり方があなたの目に明らかになります。そこからは、あなたの人生に奇跡が起こり始めます。

家族との絶縁後、私の人生は驚くほど好転しました。離れたことで、傷から立ち直るのに必要な力を手に入れたからです。私が立ち直ると、人生も立ち直りました。私の人生にいいことや奇跡やチャンスが訪れるたび、私は救われたような気持ちになります。私の傷に気づき、私の声を聞いて理解してくれる存在がどこかにいるのだという気持ちです。あなたもきっと同じ気持ちになったことがあるでしょう。自分の声が何かを変えられるのだと実感したことがあると思います。私は今、他の人たちのために声を上げ、彼らが自分の人生に価値を見出す手助けをしています。そして幸運なことに、私の言葉をこうして書き綴り、私の過去、知識、教養、経験、研究をあなたに伝える機会を得ました。あなたはこの本から得られるものを自分のために役立て、立ち直りたいと切望している、強い意志と素晴らしい精神の持ち主です。私は家族にとっては必要のない存在だったかもしれませんが、この世界にとって私は意味のある存在であり、あなたも同じです。最高の救済を味わうためには、あなた自身から目を離さないでください。あなた自身と、あなたが達成したい目標、そしてあなたが選んだ人生に、意識を集中させるのです。

## あなたは強い

自らの人生の舵を取るというのは、自分自身に力を与えることです。あなたの価値や決断、感情を貶めていた毒家族がいなくなったら、人生を楽しんだり、創造的になったり、重荷を下ろしたり、そして何より平穏を感じたり精神的な余裕ができたりするでしょう。ここから先は、あなたの番です。これ以上待つ必要も、人の機嫌を取る必要も、不安になる必要も、恥や罪悪感、義務感から行動する必要もありません。あなたが持つ素晴らしい強さと能力に、あなた自身も驚かされるでしょう。あなたは、自分の土台になっていた存在と縁を切れるほど強い人間だと証明したのです。これほど勇気のいる行動は他にありません。

あなたは旅の一番の難所をすでに越えたのですから、安心してください。家族を排除するのに比べたら、この先他の人間関係を切り捨てることになったとしても、そこまで堪えることはないでしょう。

あなたは、絶縁を余儀なくされたすべての人とともに、人として特別な部分を持っています。眩しく輝きながら世界に解き放たれたあなたは、次のことを誇りに思っていいのです。

○真実に向き合う勇気がある。
○真実を口にする勇気がある。
○自分の感情と向き合うという大変な作業に取り組んででも、本当の自分を見つけたいと思っている。
○他人の求めているものに敏感で、すぐに気がつく。
○自分の気持ちに従えば、健全な人生へ導かれると信じている。
○問題を起こすより平穏を選ぶ。
○自分の直感を信じる。
○嘘や隠し事、約束の反故を見抜く。
○人の機嫌をとるために媚びを売らない。
○健全な境界線を設ける。

○人に共感できる、広い心を持っている。
○積極的に他人に手を差し伸べる。
○勇気がある。
○自立している。

自分が安心感とポジティブな感情に包まれるための決断に満足し、自分の人間性にまんざらでもない気持ちになるのは、決してわがままでも自己中心的でも、間違ってもいません。これまであなたは、様々なものに果敢に立ち向かってきました。毒家族のいる家庭で育った頃とは違い、今のあなたにとって勇気は、強制的に持たざるを得ないものではなくなりました。むしろ、あなたの大切な一部になっています。周囲の人は、たとえあなたがくぐり抜けてきた試練を知らなくとも、あなたが勇敢な人間だと気づくでしょう。自分に正直に生きるあなたを見て、他人はあなたを勇敢だと見なすのです。自分に嘘をつかない生き方をするために、家族から嫌われる道を選んだ自分を認めてあげてください。

## 自由になったあなたへ

虐待サバイバーであるあなたは、機能不全を起こした家族の犠牲になりながらも耐え抜いた強い人です。ですからまずは一呼吸置き、自分の強さを称えましょう。確かに家族はあなたの心を粉々に砕きましたが、あなたは知らず知らずのうちにそれを逆手に取って心を鍛え、痛みに対処できるようになり、そして毒家族の悪影響から自分を解放できるだけの強さを手に入れたのです。あなたは自らの力で形勢を逆転させました。あなたの繊細さと、愛情のために機嫌を取ろうとする姿勢を、彼らは弱さだと決めつけて操ろうとしました。愚かな彼らは、まさかあなたが彼らの支配の外に答えを見出し、ある日自らを解放することになろうとは思いもしなかったはずです。ですが実際、あなたは自由になりました。おめでとうございます！　これは記念すべき偉業です。

インスタグラムで私の最初の本の広告を見かけたという女性から、こんなことを言われました。「わぁ、この本絶対に読みます。勇気を出して本を書いて、世界中にシェアしてくれてありがとうございます。同じような状況にいる人は大勢いるのに、みんな絶縁したあとのことや周りに非難されることが怖くて踏み出せないんです。読むのが待ち遠しいです」。同じ広告を見た別の人は、「絶対に読みます。毒のある負のサイクルから抜け出そうとしているのが私だけじゃないとわかって勇気づけられました」と言っていました。そうです、あなたは独りじゃありません（そろそろ私たちは「#独りじゃない」運動を始めて仲間を見つけるべきかもしれません）。

私が自分の研究成果とプライベートな事情をこうして打ち明けているのは、ひとえにあなたのためです。本を書くことで目に見えて私が得することは何一つありません。むしろ私の家族をさらに怒らせて、より一層私への嫌悪感を煽るだけです。私はあなたに自由になる許可を与えるために本を書いています。あなたを操り支配しようとする家族のことは一旦脇に置いておいて、あなたの忍耐強さと人の感情に敏《さと》いところが、この先どれほど役に立つか考えてみてください。探せばいくらでもいいところは見つけられます。もしこんな人生を送ってこなければ、私は、自身も立ち直るために頑張りながら世界中の人たちを助けるために本を書いている、今の私にはなっていなかったでしょう。誰かに私の人生を変えてほしかったと、そう思う分、私は今、他の人たちの人生を変えようとしているのです。

私がかつて得られなかったものを人に与えることも、私の本を読んでくれたあなた方が自分は正常だと思えるようになることも、私にとって喜ばしいことばかりです。私は多くの人に、少なくとも誰か1人は自分の声を聞いてくれる、自分を愛し認めてくれる、と思えるようになってほしいのです。自分は独りじゃないと、わかってほしいのです。誰かがあなたの言葉に耳を傾けています。私が傾けています。私は、毒家族との絶縁という沈黙の伝染病に声を与えました。もし全く違う家庭環境で育っていたら、あなたはこれほどの傷を負わずに済んだかもしれませんが、同時に、これほどの知識や洞察力、人間としての深みを得ることもなかったでしょう。これからは、これらの才能を惜しみなく使ってください。だからといって、あなたがつかんだ成功を、毒家族や虐待のおかげだと思う必要はありません。すべてはそれらの試練を乗り越えた、あなた自身のおかげなのです。
私はあなたの功績を称え、あなたを尊敬します。

# 謝辞

この本を信じてくれた、New Harbinger Publicationsの素晴らしいチームに感謝を申し上げます。あまりに多くのサバイバーが孤独に苦しんでいます。この静かな伝染病に光を当て、話題にすることで彼らが立ち直る手助けをし、家庭内の虐待を次の世代に持ち越さないように促す勇気ある出版社に出会えたことに感謝しています。

この本を素晴らしい出来にする手伝いをしてくれたジェニファー・ホルダー氏とエリザベス・ホリス・ハンセン氏にもお礼申し上げます。お二方との話し合いと編集はとても楽しいものでした。お二方のおかげで、私は自分自身と自分の言いたい言葉と、心から繋がることができました。私たちが組んだことで、この本を手に取った人たちに素晴らしい道筋を示すことができたと感じています。私の言葉を広く伝えるために、多大な時間と労力を費やして誠心誠意尽力してくれたことに感謝を申し上げます。

また、私の壊れた家族にもまた、感謝を表します。違う人生を歩んでいたら、今の私はありません。私は今の私自身を心から愛しています。あなた方から愛情をもらえなかった代わりに、私は自分自身を愛することを学びました。それについては感謝しています。

　私の友人たちと愛する人たちへ。どんなときも、私を支えてくれてありがとうございました。私が嘆き悲しみ、成長するためのスペースと余裕を与えてくれて、忍耐強く待ち続けてくれた皆様への感謝の気持ちでいっぱいです。あなた方の愛情のおかげで、私はいつも勇気づけられ、自分が愛される存在だと思い出せます。こうして愛情を自覚できることが、私にとってとても重要です。あなた方との繋がりが、私の心を癒やしてくれるのです。

　一番の心からの感謝は、私の娘、ロンドンに。言葉で言い表せないほど、あなたを愛しています。あなたがいてくれたおかげで、子供には絶対に私と同じ思いをさせないと思わせてくれました。愛する娘へ、あなたを支配する人間はどこにもいません。私たちの間にあるのは愛情だけです。これからも、あなたがいる1分1秒を大切にし、愛していきます。

# 注釈

**1** Susan Adcox, “What Is Family Estrangement?” (n.d.), https://www.verywellfamily.com/breakdown-of-family-estrangement-1695444.

**2** Shahida Arabi, Healing the Adult Children of Narcissists: Essays on the Invisible War Zone (SCW Archer Publishing, 2019).

**3** Stand Alone, “Hidden Voices: Family Estrangement in Adulthood,” University of Cambridge (n.d.), http://standalone.org.uk/wp-content/uploads/2015/12/HiddenVoices.-Press.pdf.

**4** 3 に同じ

**5** Henry Cloud and John Townsend, Boundaries: When to Say Yes, How to Say No, to Take Control of Your Life (Grand Rapids, MI: Zondervan, 1992, 2017), 37, 40.

『境界線（バウンダリーズ）』ヘンリー・クラウド，ジョン・タウンゼント，中村佐知訳，中村昇訳，地引網出版，2004 年

**6** 5 に同じ

**7** Sandra Restrepo, dir., Brené Brown: The Call to Courage (Netflix documentary, 2019).

『勇気を出して』サンドラ・レストレポ（ディレクター），ネットフリックス・ドキュメンタリー，2019 年

**8** Susan Forward, Toxic Parents: Overcoming Their Hurtful Legacy and Reclaiming Your Life (New York: Bantam, 1990).

『毒になる親　一生苦しむ子供』スーザン・フォワード，玉置悟訳，講談社，2001 年

**9** Kendra Cherry, “Erik Erikson’s Stages of Psychosocial Development,” VeryWell Mind (2020, June 16), https://www.verywellmind.com/erik-eriksons-stages-of-psychosocial-development-795740/.

**10** 8に同じ

**11** 10に同じ

**12** Regina Sullivan and Elizabeth Norton Lasley, "Fear in Love: Attachment, Abuse, and the Developing Brain," Cerebrum (2010, September), https://www.ncbi.nlm.nih.gov/pmc/articles/PMC3574772/?report=classic.

**13** Bessel van der Kolk, The Body Keeps the Score: Brain, Mind, and Body in the Healing of Trauma (New York: Penguin Books, 2014).
『身体はトラウマを記録する　脳・心・体のつながりと回復のための手法』ベッセル・ヴァン・デア・コーク，柴田裕之訳，杉山登志郎解説，紀伊國屋書店，2016年

**14** 13に同じ，p.133.

**15** 9に同じ

**16** Pete Walker, Complex PTSD: From Surviving to Thriving: A Guide and Map for Recovering from Childhood Trauma (Lafayette, CA: Azure Coyote, 2013).

**17** Tara Westover, Educated (New York: Random House, 2018).
『エデュケーション　大学は私の人生を変えた』タラ・ウェストーバー，村井理子訳，早川書房，2020年

**18** Brené Brown, Braving the Wilderness: The Quest for True Belonging and the Courage to Stand Alone (New York: Random House, 2017).

**19** Susan Anderson, The Journey from Abandonment to Healing: Turn the End of a Relationship into the Beginning of a New Life (New York: Berkeley Books, 2014).
『わかれからの再出発―見捨てられ傷ついた心をいやす5つのステップ』スーザン・アンダーソン，遊佐安一郎監訳，佐藤美奈子訳，星和書店，2003年

**20** 19に同じ

**21** Shannon Thomas, Exposing Financial Abuse: When Money Is a Weapon (New York: MAST Publishing House, 2018), 4.

**22** H. G. Tudor, Manipulated (Oklahoma City: Insight Books, 2015).

［著者］
**シェリー・キャンベル**（Sherrie Campbell, PhD）
毒家族に苦しむ人々を救う心理学者であり、家族との絶縁を手伝う専門家として全米で知られている。かつてBBM Global NetworkとTuneIn Radioで自身のラジオ番組「Dr. Sherrie Show」を主宰していた。講演者、SNSのインフルエンサーとしても知られ、メディアにも頻繁に取り上げられている。

［訳者］
**髙瀬みどり**（たかせ・みどり）
翻訳家。アメリカ・テキサス州生まれ。東京大学文学部卒業後、ゲームや映画の翻訳を経て書籍の翻訳を手掛けるようになる。好きなものはイギリスアンティーク、紅茶、ウィスキー、ボードゲーム。

**幸せになるには親を捨てるしかなかった**
——「毒になる家族」から距離を置き、罪悪感を振り払う方法

2023年3月28日　第1刷発行

著　者——シェリー・キャンベル
訳　者——髙瀬みどり
発行所——ダイヤモンド社
〒150-8409　東京都渋谷区神宮前6-12-17
https://www.diamond.co.jp/
電話／03･5778･7233（編集）　03･5778･7240（販売）
装丁————斉藤よしのぶ
カバー写真—©hi-bi/amanaimages
本文デザイン—中ノ瀬祐馬
翻訳協力——トランネット（www.trannet.co.jp）
DTP制作——伏田光宏（F's factory）
校正————鷗来堂
製作進行——ダイヤモンド・グラフィック社
印刷・製本—勇進印刷
編集担当——酒巻良江


ISBN 978-4-478-11686-9

Printed in Japan